U0898943

世界汉译学术名著

〔古希腊〕亚里士多德 著

方书春 译

范畴篇 解释篇

译林出版社

范 畴 篇

范畴篇内容提要[①]

第一章 同名异义的东西、同名同义的东西；由引申得名的东西。

第二章 （1）简单用语和复合用语。

（2）（a）可以用来述说一个主体的东西，（b）存在于一个主体之中的东西，（c）既可以用来述说一个主体、并且又存在于一个主体之中的东西，（d）既不可以用来述说一个主体、又不存在于一个主体之中的东西。

第三章 （1）可以用来述说宾词的东西也可以用来述说主体。

（2）一个种之内的诸属的属差和另一个种之内的诸属的属差不同，除非一个种是包含在另一个种之内。

第四章 思想对象的八种范畴。

第五章 实体。

（1）第一性实体和第二性实体。

（2）存在于本质属性和偶然属性与它们的主体之间的关系的差别。

① 这个提要不是原作所有而是英译者加上的。

(3) 一切不是第一性实体的东西，都或者是第一性实体的一个本质属性，或者是第一性实体的一个偶然属性。

(4) 在第二性实体中，属比种更加真正地是实体。

(5) 一切不是种的属都是同等程度的实体，所有的第一性实体都是同等程度的实体。

(6) 除属和种之外，没有什么别的东西是第二性实体。

(7) 第一性实体对第二性实体以及所有其他宾词的关系，和第二性实体对所有其他宾词的关系一样。

(8) 实体绝不是一种偶然属性。

(9) 属的属差不是偶然属性。

(10) 属、种和属差，作为宾词，对于它们的主体是“一义的”。

(11) 第一性实体是个体；第二性实体是个体的性质的规定。

(12) 实体绝不具有一个相反者。

(13) 实体没有程度的差别。

(14) 实体的特别标志是：它可以用相反的性质来加以述说。

(15) 相反的性质不能用来述说任何实体以外的东西，甚至不能用来述说命题和判断。

第六章 数量。

(1) 分离的和连续的数量。

(2) 各种数量，即数目、口语、线、面、立体、时间、地点等等之划分为这两类。

(3) 有些数量的各部分之间有一种相对的地位，有些数量的各部分之间则没有。各种数量划分为这两类。

(4) 数量方面的词之用于不是数量的东西上面，是由于这些东西和上述各种数量之一有关系。

(5) 数量没有相反者。

(6) 像“大”和“小”这样的词，乃是相对的，而不是数量方面的，并且不能是彼此相反的。

(7) 最有理由认为包含着一个相反者的，是地点。

(8) 数量不能够有程度的不同。

(9) 数量的特别标志是可以用相等或不相等来加以述说。

第七章 关系。

(1) 相对者的第一种定义。

(2) 有些相对者有相反者。

(3) 有些相对者有不同的程度。

(4) 一个相对的词总有它的相关者，并且双方是互相依赖的。

(5) 相关者只有当相对者获得它的适当的名称时才清楚地显出来；在有些场合，为了这个目的就必须创造新词。

(6) 大部分相对者是同时产生出来的，但知识的对象和知觉的对象乃是先于知识和知觉而存在的。

(7) 没有一个第一性实体或一个第一性实体的部分是相对的。

(8) 相对者的修正定义，把第二性实体除外。

(9) 除非我们知道和一个东西相对的那个东西，否则，就不可能知道这个东西是相对的。

第八章 性质。

(1) 性质的定义。

(2) 性质的各种不同种类：

(a) 习惯和状态；

(b) 能力；

(c) 影响的性质〔影响的性质和影响之间的区别〕；

(d) 形状等等。〔疏、密等等不是性质。〕

(3) 形容词一般地是由相应性质的名称引申转成的。

(4) 大多数性质都有相反者。

(5) 如果两个相反者之一是一个性质，另一个相反者就也是一个性质。

(6) 在大多数场合，一个性质能有不同的程度，而大多数性质也能以不同的程度为主体所具有。形状的性质是这条规律的一个例外。

(7) 性质的特殊标志是：事物就性质而言可以用相同或不相同来加以述说。

(8) 习惯和状态作为种乃是相对的；作为个体则是性质方面的。

第九章 略述活动、遭受和其他的范畴。

第十章 四类“对立者”。

(a) 相关者。

(b) 相反者。〔有些相反者有居间的东西，有些没有。〕

(c) 实有者和缺乏者。

表达具有和丧失的词不是实有者和缺乏者，虽然前两者彼此之间，以及后两者彼此之间，是在同样的意义上相互对立的。

同样地，形成一个肯定命题和一个否定命题的基础的两个事实之互相对立，其意义是像肯定命题和否定命题本身之互相对立一样。

实有者和缺乏者之互相对立，其意义不同于相关者之互相对立。

实有者和缺乏者之互相对立，其意义不是像相反者之彼此互相对立那样。

因为：(I) 它们既不属于没有居间者的一类，又不属于有居间者的一类。

(II) 不能有从一个状况（缺乏或丧失）到它的对立者的转变。

(d) 肯定命题和否定命题。这两者之和别种相反者不同，是由于肯定命题和否定命题两者中总有一方是错误的而他方是正确的。〔互相对立的两个肯定命题好像也有这个标志，但它们并不如此。〕

第十一章 继续讨论相反者。

恶一般地来说是善的相反者，但有时两种恶是相反者。当一个相反者存在时，另一个不必存在。

相反的属性适用于同一个属或种以内。

相反者必须本身是在同一个种以内，或在对立的种以内，或者本身就是种。

第十二章 “先于”一词用于：

(a) 时间上在先的东西；

(b) 为他物所依赖而自己却不依赖于他物的东西；

(c) 排列上占先的东西；

(d) 更好的或更可尊敬的东西；

(e) 两个互相依赖的东西里面那个为他方的原因的一方。

第十三章 “同时的”一词用于：

(a) 同一个时候产生的东西；

(b) 两个互相依赖但任何一方都不是他方的原因的东西；

(c) 同一个种以内的各个不同的属。

第十四章 运动有六种。

改变与其他各种运动不同。

运动的相反者的定义，以及各种不同的运动的相反者的定义。

第十五章 “有”一词的各种意义。

范畴篇

1．当若干事物虽然有一个共通的名称，但与这个名称相应的定义却各不相同时，则这些事物乃是同名而异义的东西。例如一个真的人和一个图画里面的人像，都可以称为“动物”[①]，但此两者乃是同名而异义，因为两者虽有一个共通的名称，但与这个名称相应的定义，却各不相同。因为，如果有人要规定在什么意义之下这两者各是一个动物，则他所给予其中一者的定义就将只适合该一者。

反之，当若干事物有一个共通的名称，而相应于此名称的定义也相同的时候，则这些事物乃是同名同义的东西。例如一个人和一只牛都是“动物”，它们是被同名同义地加以定名的，因为两者不仅名称相同，而且与这个名称相应的定义也都相同：如果有人要说出在什么意义之下这两者各是一个动物，则他所给予其中一者的定义，必完全同于他所给予另一者的定义。

如果事物的名称是从另外一个名称引申出来的，但是引申出来的名称和原来的名称有不同的语尾，则这些事物乃是由引申得名的东西。例如“语法家”这个名称乃是从“语法”这个词引申出来的，“勇士”则是从“勇敢”这个词引申出来的。

---

① “动物”在希腊文中有两种意义，即普通的动物，和图画、刺绣或雕刻中的人像。

2．语言的形式或者是简单的，或者是复合的。后者的例子如像“人奔跑”，“人获胜”；前者的例子则像“人”，“牛”，“奔跑”，“获胜”。

事物本身，有些可以用来述说一个主体，但绝不存在于一个主体里面。例如“人”可以用来述说一个个别的人，但绝不存在于一个主体里面。

（所谓“存在于一个主体里面”，我的意思不是指像部分存在于整体中那样的存在，而是指离开了所说的主体，便不能存在。）

有一些东西则是存在于一个主体里面，但绝不可以用来述说一个主体。例如，某一点儿语法知识是存在于心灵里面的，但却不可以用来述说任何一个主体；再者，一种特殊的白色可以存在于一个物体里面（因为颜色需要一个物质基础）但绝不可以用来述说任何东西。

另外有些东西则既可以用来述说一个主体、并且又存在于一个主体里面。例如知识存在于人的心灵里面，又可以用来述说语法。

最后，有一类的东西既不存在于一个主体里面，又不可以用来述说一个主体，例如一个个别的人和一匹个别的马。因为任何像这样的东西都是既不存在于一个主体里面，又不被用来述说主体的。[①]更一般地来说，凡是个别的和具有单一性的东西，就绝不可以用来述说一个主体。但在某些场合，

① 根据Loeb Classical Library的《工具论》卷一希腊文本第14页补入此句。——中译者

也没有什么足以妨碍此类东西存在于一个主体里面。例如某一点语法知识，就是存在于一个主体里面的。[①]

3．当一件东西被用来述说另外一件东西的时候，则凡可以用来述说宾词的也可以用来述说主体。例如，“人”被用来述说个别的人；但“动物”又被用来述说“人”；因此，“动物”也可以用来述说个别的人：因为个别的人既是“人”又是“动物”。

不同的种如果是平行而没有隶属关系的，则它们的属差本身在种类上也不相同。[②]试以“动物”这个种和“知识”这个种为例。“有足的”、“两足的”、“有翼的”和“水栖的”等等乃是“动物”的属差；知识这个种中所包含的各个属之间则不是以这些属差来互相区分的。这一属的知识与另一属的知识之有差别，并不在于它是“两足的”。

但如果某个种是隶属于另外一个种的，就没有什么足以妨碍这两个种有相同的属差：因为外延较大的种可以被用来述说那外延较小的种，因此谓语（即前一个种）的一切属差，也将是主体（即后一个种）的属差。

① Bekker的希腊文本此最后一句作：“因为某一点儿关于语法的知识就是存在于一个主体里面的，虽则语法知识不可以用来述说任何一个主体。”——中译者

② 即这个种中所包含的属差，和那个种中所包含的属差，在种类上也不相同。——中译者

4. 每一个不是复合的用语，或者表示实体，或者表示数量、性质、关系、地点、时间、姿态、状况、活动、遭受。让我大略说一说我的意思：指实体的如“人”或“马”；指数量的如“二丘比特[①]长”或“三丘比特长”；指性质的例如“白的”、“通晓语法的”等属性；“二倍”、“一半”、“较大”等等则属于关系的范畴；“在市场里”、“在吕克昂”等等，属于地点的范畴；“昨天”、“去年”等等属于时间的范畴；“躺卧着”、“坐着”等等则是指示姿态的语词；“着鞋的”、“武装的”等等，属于状况〔具有〕；“施手术”、“针灸”等等，是动作；“受手术”、“受针灸”等等，属于遭受的范畴。

任何一个这样的语词，共本身并不包含着一种肯定〔或否定〕；只有借这类语词的结合才产生肯定或否定。因为如所公认，每一个肯定或否定必须或者是正确的，或者是错误的，但无论如何不是复合的用语，例如“人”、“白的”、“奔跑”、“获胜”等等，既不能是正确的，也不能是错误的。

5. 实体，就其最真正的、第一性的、最确切的意义而言，乃是那既不可以用来述说一个主体又不存在于一个主体里面的东西，例如某一个个别的人或某匹马。但是在第二性的意义之下作为属而包含着第一性实体的那些东西也被称为实体；还有那些作为种而包含着属的东西也被称为实体。例如，个别的人是被包含在“人”这个属里面的，而“动物”又是这个属所隶属的种；因此这些东西——就是说“人”这

① 长度名，每丘比特约合18英寸。

个属和“动物”这个种——就被称为第二性实体。

由上所说可以很清楚地看出：宾词的名称及定义两者必须都可以用来述说其主体。例如，“人”被用来述说某一个个别的人。在这种情形之下，“人”这个属名被应用于个别的人，因为我们用“人”这个词来描述一个个别的人；而“人”的定义也将可以被用来述说某一个个别的人，因为某一个个别的人既是人又是动物。这样，属名及其定义，都可以用来述说个别的人。

另一方面，那些存在于一个主体里面的东西，大多数都不能用其名称和定义来述说它们存在于其中的那个主体。不过，虽然定义绝对不可以用来述说主体，名称在某些场合之下被用来述说它却并无不可。例如，“白”是存在于一个物体里面的，也被用来述说它所存在于其中的物体，因为一个物体被称为是白的：但是“白”这个颜色的定义，却绝不可以用来述说此物体。[①]

除第一性实体之外，任何东西或者是可以用来述说一个第一性实体，或者是存在于一个第一性实体里面。关于这一点，只要看看一些个别例子就会很清楚。“动物”被用来述说“人”这个属，因之就被用来述说个别的人，因为如果没有任何可以用它来述说的个别的人存在，那它根本就不能被用来述说“人”这个属了。再者，颜色存在于物体里面，因

① 白的定义是“一种颜色”；我们能说一个物体是白的，但不能因此说一个物体是“一种颜色”。亚里士多德所说的“定义”，用他自己的话来说是那表述出来的本质；他所说的定义相当于我们现在逻辑书上所说的“定义者”。即仅是指“白是一种颜色”这个命题中“一种颜色”这一部分。——中译者

此是存在于个别的物体里面的，因为如果没有任何它得以存在于其中的个别的物体存在，那它根本就不能存在于物体里面。可见除第一性实体之外，任何其他的东西或者是被用来述说第一性实体，或者是存在于第一性实体里面，因而如果没有第一性实体存在，就不可能有其他的东西存在。

在第二性实体里面，属比种更真正的是实体，因为属与第一性实体更为接近。因为在说明一个第一性实体是什么的时候，说出它的属比说出它的种，就会是更有益、更中肯。例如，描述一个个别的人时，说他是人比说他是动物，就会是说得更有益、更中肯，因为前一种说法在更大的程度上指出个别的人的特性，而后一种则过于一般化。再者，谈一株树是什么时，提出“树”这个属，比提出“植物”这个种，就会是说得更为清楚更为得当。

再者，第一性实体之所以是最得当地被称为实体，乃由于这个事实，即它们乃是其他一切东西的基础，而其他一切东西或者是被用来述说它们，或者是存在于它们里面。而存在于第一性实体与其他一切东西之间的关系，也同样存在于属与种之间：因为属对于种的关系正是主体对于宾词的关系。因为种被用来述说属，反之属却不能用来述说种。这样，我们就有了断定属比种更真正的是实体的另外一个根据。

在属与属之间，除了那些本身就是种的属之外，没有一个属比另外一个属更真正的是实体。在谈到一个个别的人时说出他所属的属〔即人〕，比起在谈到一匹马时说出它所属的属〔即马〕，不会就是对于个别的人给出了一个更得当的说明。同样，在各种第一性实体之间，也没有一个比另外一个更真正地是实体；一个人并不比一只牛更真正地是实体。

这样，我们就很有理由，当第一性实体被除开之后，把“第二性实体”之称单只给予属和种，因为在所有的宾词之中，只有属和种才能说明第一性实体是什么。因为正是由于说出属或种，我们才是得当地说明了一个个别的人是什么；并且，如果提出他的属而非提出他的种，我们就会使我们的说明更确切。我们所说的其他一切，例如他是白的、他奔跑等等，对于说明他都是不相干的。可见除了第一性实体之外，就只有这些（即属和种）才应该被称为实体。

再者，第一性实体之所以最正当地被称为第一性实体，是因为它们乃是所有其他东西的基础和主体。而存在于第一性实体和其他一切东西之间的关系，也同样存在于第一性实体所隶属的属和种与不包括在种和属里面的一切其他属性之间。因为种和属乃是这些属性的主体。如果我们称某一个人为“通晓语法的”，则这个宾词也就适用于这个人所属的属和种。这条规律适用于其他一切场合。

实体绝对不存在于一个主体里面，这一点乃是一切实体都具有的一个共同特性。因为第一性实体既不存在于一个主体里面，又不被用来述说一个主体；而关于第二性实体，从下面的论据（姑不谈别的论据）就可以清楚地看出它们不存在于一个主体里面。因为“人”被用来述说个别的人，但是并不存在于任何一个主体里面：因为人并不存在于个别的人里面。同样，“动物”也被用来述说个别的人，但并不存在于他里面。再者，当一样东西存在于一个主体里面时，虽然这东西的名称可以适用于它所存在于其中的主体，它的定义却不能适用于此主体。但关于第二性实体，则不单其名称而且其定义都可以适用于主体：我们会用属的定义和种的定义来说明一个个别的人。因此，实体不能存在于一个主体里面。

但这个特性不是实体所特有的，因为属差也同样不能存在于主体里面。“有足的”和“两足的”这两个特性被用来述说“人”，但它们并不存在于人里面。因为它们并不是在人里面。再者，属差的定义可以用来述说属差本身被用来述说的那个东西，例如，如果“有足的”这个特性被用来述说“人”这个属，则这个特性的定义也可以用来作为“人”这个属的宾词；因为“人”乃是有足的。

实体的部分看起来好像是存在于作为它们的主体的整体里面，这个事实不应该使我们犹豫，以为这些部分恐怕应该被当做不是实体；因为，在解释“存在于一个主体里面”这句话的意思时，我们说它的意思是“并非像部分存在于整体里面那样的存在”。

在所有以实体和属差为宾词的命题里面，实体和属差乃是同名同义地用来述说主体的，这一点乃是实体和属差的标志。因为，所有这种命题都是或者以个体或者以属为主词的。就第一性实体不能用来述说任何东西这一点而言，第一性实体确不能成为任何命题的宾词。但在第二性实体那里，属可以用来述说个体，种可以用来述说属和个体。同样，属差被用来述说属和个体。再者属的定义和种的定义可以适用于第一性实体，种的定义可以适用于属。因为所有被用来述说宾词的，也可以被用来述说主词。同样，属差的定义也可以适用于属和个体。但上面已经说过，“同名同义的”一词，是用在那些有一个共同的名称和定义的东西上的。因此，应该认为在所有以实体或者以属差为宾词的命题里，实体和属差是“同名同义地”用来述说主词的。

所有的实体看起来都表示“某一个东西”（*Τόδε τι*）。在第一性实体里，无可争辩地这乃是真的，因为所表示的那个东西是一个单一性的东西。在第二性实体那里，例如当我们说及“人”或“动物”时，我们的语言的方式也给人一个印象，使人认为我们此地也是指“某一个东西”，但严格地说这并非是真的；因为，一个第二性实体并不是一个个体，而是具有某一性质的一类东西；因为一个第二性实体并不像一个第一性实体一样是单一的、个别的；“人”和“动物”都可以用来述说一个以上的主体。

但是属和种也不是像“白色”那样单单表示性质；“白色”除性质外不再表示什么，但属和种则是就一个实体来规定其性质：属和种表示那具有如此性质的实体。这种一定性质的赋予，在种那里比在属那里包括了更大的范围：那个说“动物”的人，比起那个说“人”的人，是用着一个外延较广的词。

实体的另一个标志是它没有与它相反者。任何一个第一性实体，例如一个人或一个动物，怎样能够有一个相反者呢？不能够有。属和种同样也不能有一个相反者。但这个特征不是实体所特有的，而是许多其他的东西像数量也有的。没有什么东西可以成为“二丘比特长”或“三丘比特长”或“十”或任何其他这类东西的相反者。也许有人会辩说“多”乃是“少”的相反者，“大”是“小”的相反者，但对于一定的数量，则没有相反者存在。

再者，实体是不能容许有程度上的不同的。我这属的意思并不是说一实体不能比另外一实体更真正的是实体，或更不真正的是实体，因为前面管经说过，这种情形是有的；我的意思是说没有一个实体能容许它本身中有程度上的不同。例如“人”这一个实体就不能够比另外一个时候的他自己或比另外一个人多些或少些人的实质。一个人不能比另外一个人更是人，像一个白色的东西能够比另外一个白色的东西更白些或没有那么白那样。或者像一件美丽的东西能够比另外一件美丽的东西更美丽些或没有那么美丽一样。还有，同一种性质被说是在不同的时候以不同的程度存在于一件东西里面。我们说一件白的东西在某一个时候比它以前更白些，或者，一件热的东西在一个时候此另外一个时候更热些或没有那么热。但实体则不能说它更是它或更不是它：一个人在某个时候并不比他以前更是一个人，其他的东西，如果是一个实体，也不能更是这东西或更不是这东西。可见实体是不能容许有程度上的变化的。

实体的最突出的标志似乎是：在保持数量上的同一性的同时，实体却能够容许有相反的性质。从实体以外的东西里面，我们却不能够举出任何具有这个标志的东西。例如，同一颜色不能既是白的又是黑的。同一个行为也不能既是善的又是恶的：这条规律适用于不是实体的一切东西。但同一个实体，当它保持着自己的同一性的时候，却同时能够容许有相反的性质。同一个人有的时候白，有的时候黑，有的时候热，有的时候冷，有的时候好，有的时候坏。这种性能在任何别的东西那里是找不到的，虽然也许有人会认为一句话或一个意见，是这个规律的一种例外。谁都承认，同样的话能够又是正确的又是错误的。因为如果“他坐着”这话是正确的，那么，当这个人站起来之后这同一句话就将是错误的。关于意见方面情形也一样。因为，如果任何人以为某一个人是坐着，而这个意见是正确的，那么，当这个某人站起来之后，则同样的意见如果再坚持，就是错误的了。不过，虽然这个例外可以被承认，但是，无论如何，这情况发生的方式却是与实体那里有所不同的。实体乃是由于本身变化才容许有相反的性质。正是由于本身变化，先前是热的东西现在变成冷的，因为这个东西已进入了一种不同的状态。同样，通过一种变化的过程，先前是白的东西现在变成黑的，先前是坏的现在变成好的，同样地在所有其他的场合也都是由于变化，实体才能够容许有相反的性质。反之，话和意见本身却在各方面都维持不变，只是由于实际情况事实上改变了，才使得它们具有相反的性质。“他坐着”这句话保持不变，但有时候它是正确的，有时候它是错误的，视当时的实际情况而定。这种情况也适用于意见方面。这样，就其发生的方式而言，能够容许有相反的性质乃是实体特有的标志；因为实体乃是由于自身变化而这样的。

因此，如果有人承认这个例外并认为话和意见能容许有相反的性质，这种主张就会是不对的。因为话和意见被称为有这种性能，并非由于它们本身有所改变，而是由于别的东西的情况发生了这种改变。言语是正确的还是错误的，取决于事实如何，而不是依靠于言语本身的什么容许相反性质的能力。简言之，言语和意见的本性无论如何是不能更改的。

所以说，既然它们本身里面没有变化，就不能以为它们能够容许有相反的性质。

而在实体那里，则正是由于那种在实体自身里面所发生的改变，一个实体才被称为能够容许有相反的性质；因为一个实体在自身里面容许健康或疾病，白或黑。正是在这种意义上我们说实体能够容许有相反的性质。

总括起来说，实体有一个显著的标志，就是在保持着自身在数量上的同一性的同时它却能够容许有相反的性质，而这种改变之发生乃是由于实体本身里面的变化。

关于实体的问题，就说这么多吧。

6．数量或者是分离的，或者是连续的。再者，有些数量其整体的各部分之间有着一种位置上的一定关系；有些数量其内部各部分之间却没有这种关系。

分离的数量的例子如数目和语言；连续的数量的例子如线、面、立体，此外还有时间和空间。

一个数目的各部分之间，并没有什么使它们相联结的共同边界。例如：两个五造成了十，但这两个五并没有共同的边界，却是分开着的；三这个部分和七这个部分，也不在什么边界上相互连接。一般地说来，在任何一个数目那里，不可能有什么部分与部分间的共同边界；各部分总是分开着的。因此数目乃是一种分离的数量。

语言的情形也一样。显然语言是一个数量，因为语言是以长音节和短音节来测量的。此处我所指的是有声语言。再者，语言是一种分离的数量，因为它的部分与部分之间并没有共同的边界。并没有把音节与音节连接起来的共同边界；每个音节和其他的音节总是分开着的、显然不同的。

反之，线是一个连续的数量，因为能够找到把它的部分与部分相连起来的共同边界。在线方面，这种共同边界是点；在面方面，共同边界是线：因为面的部分与部分之间也有一个共同的边界。同样地在一个立体那里，你也能找到部分与部分之间的共同边界，这边界或者是一条线，或者是一个面。

空间和时间也属于这一类的数量。在时间方面，过去、现在和未来形成了一个连续的整体。空间也是一个连续的数量：因为一个立体的各部分占有某一个空间，而这些部分彼此之间有共同的边界；因此，那被立体的这些部分占据的空间的各部分，也有立体各部分之间所有的同样的共同边界。这样，不单时间是一种连续的数量，而且空间也是。因为空间的部分与部分之间有着一种共同的边界。

数量或者由彼此有位置上的一定关系的部分所构成，或者由彼此没有位置上的一定关系的部分所构成。线的各部分彼此之间有位置上的一定关系，因为每个部分都位于一定的地方，并可以把每一部分加以分别，说出每个部分在“面”上所处的位置，并说明每个部分与其他部分中的哪一个部分相连接。同样地，面的各部分也都有一定的位置，因为同样地能够指出每一部分的位置，以及哪些部分是相互连接着的。关于立体和空间，这话也是正确的。但却不可能指出一个数目的各部分彼此之间有位置上的一定关系，其实甚至不能指出它有位置，或者指出哪些部分是连接的。在时间方面，也不能这样做，因为时间的任何一部分，都没有持久的存在，而不能停住的东西是很难有一个位置的。如果说像这样的各部分之间由于一个部分先于另一个部分因而有一种次序上的关系，就更对些。关于数目也有类似的情况：在数数目时，“一”先于“二”，“二”先于“三”，这样，数目的各部分可以说具有次序上的关系，虽然不能够替每一个部分找出任何清楚的位置。这也适用于语言方面。语言的任何一部分都是不停留下来的，当一个音节被发出之后，就不能把它捉住不放，所以，既然各部分都没有停住下来，它们就自然不能有位置。由此可见，有些数量是由有位置的部分所构成的，有些数量则是由不具有位置的部分所构成的。

严格地说，只有刚才我提到的那些东西才属于数量的范畴。任何其他被称为数量的东西，只是在第二性的意义之下才是一个数量。只是因为我们脑子里面想着这些正当地被称为数量的东西之一时，我们才把数量的语词应用在其他的东西上面。我们说那白色的东西是大的，因为白色所弥漫的那个表面是大的；我们说一种活动或一个过程很长，因为活动或过程所历的时间长；像白色、活动、过程这些东西，本身并没有权利要求取得数量方面的形容词。例如，如果有人要说明一种活动是多长，他所说的将是借活动所历的时间作单位来表达的，他会说它经历一年，或诸如此类的话。同样地，他要说明那个白色的东西的大小时，一定会以其表面的大小来表达，因为他一定会说出白色所遮盖的面积的大小。由此可见，刚才所提及的那些东西，而且也只有刚才所提及的那些东西，才是按其内在本性而被称为数量的；没有别的东西能够借本身就有权利要求取得这个名称；如果它被称为数量的话，那只不过是在第二性的意义下才如此。

数量没有相反者。对于确定的数量，这是很显然的；例如，就没有什么是“二丘比特长”或“三丘比特长”的相反者，也没有什么是一个表面或任何这类数量的相反者。有人也许可以争辩着说:“多”与“少”相反,“大”与“小”相反。但这些东西不是数量方面的，而是关系方面的〔即相对者〕；事物就本身而言并非绝对是大的或小的，它们之被称为大的或小的应当说是由于一种比较的结果。例如，一座山被称为小山，一粒谷被称为大粒谷，乃是由于这个事实：这粒谷比其他谷粒大，那座山比其他的山小。由此可见，此处乃是有一个外在的标准的，因为要是“大”“小”是在绝对的意义之下被使用，那么一座山就永远不会被称为小山，一粒谷不会被称为大粒谷了。再者，我们说一个乡村里的人口众多，雅典则人口稀少，虽然雅典的人口比这个乡村多了许多倍；或者我们说一座房子里面人多得很，一座戏院里面人少得很，虽则戏院里的人数大大地超过房子里的人数。“二丘比特长”，“三丘比特长”等等，表示数量;“大”,“小”等等，表示关系，因为它俩与一个外在的标准有关。因此，很显然后面这些东西，即“大”和“小”，必须归于关系的那一类。

再者，不论我们把它们或不把它们规定为数量方面的，它们都没有相反者；因为对一个不是就本身或借本身而被理解、但却只有借与外物的关联才能被理解的属性，怎能够有一个相反者呢？再者，如果“大”和“小”是彼此的相反者，那么就会发生这样的情形，即同一主体能够同一时候容纳相反的性质，而事物本身将会是本身的相反者。因为，有的时候同一个东西能够既是大的又是小的。因为同一个东西与某物比较可以是小的，与另一物比较则是大的，从而同一个东西能够在同一个时候既大又小，致使它具有了这样的性质，即能够在同一时刻容纳相反的性质。但是，当讨论实体的时候，大家都同意：没有任何东西能够在同一时刻容纳相反的性质。因为，虽然实体能够容受相反的性质，但没有一个实体在同一时候既是生病的又是健康的，没有什么东西在同一时候既是白的又是黑的。也没有任何东西同时具备相反的性质。

再者，如果这些东西是相反者，那么它们自己就会与自己相反。因为如果“大”是“小”的相反者，而同一个东西同一个时候可以既是大又是小，则“小”或“大”就是它本身的相反者。但这是不可能的。所以，“大”这个词不是“小”这个词的相反者，“多”也不是“少”的相反者。而即使有人要把这些语词说成不是关系方面的而是数量方面的，它们也不会有相反者。

倒是在空间方面，最显出数量好像能够容许一个相反者。因为人们把“上”规定为“下”的相反者，而他们所谓“下”乃是指在中心的地方；因为再没有比中心的地方离世界诸极端更远的了。真的，看来人们在界说每类相反者时，常常求助于一种空间的比喻，因为他们称那些在同一类中被最大限度的可能距离所隔开的东西为彼此的相反者。

数量好像不容许有程度的不同。一个东西不能够比另一个东西在更大的程度上是“二丘比特长”。关于数目也是一样：

"三"之为三并不超过"五"之为五；三个东西比另外三个东西并不更是三个东西。还有，一段时间不能比另一段时间更真是时间。同样地，在所有刚才提过的那些数量中间，没有另外一种数量能够容许被称为有程度上的不同。所以，数量的范畴是不容许有程度的不同的。

数量的最凸出的标志，是它可以被称为相等的或不等的。上面所说的数量中的每一个，都可以称为相等的或不相等的。例如，一个立体被称为等于或不等于另一个立体；数目和时间也能够容许这些字眼用在它们身上，事实上所有被提到的各种数量都能够这样。

不是数量的东西，看起来就绝对不能被称为等于或不等于别的任何东西。某一种状态或某一种性质，例如白色，就绝不能拿来与另一种状态或另一种性质比较其相等或不相等，而只能比较其类似与否。由此可见，能够被称为相等或不相等，乃是数量的最突出的标志。

7. 有些东西由于它们是别的东西"的"[①]，或者以任何方式与别的东西有关，因此不能离开这别的东西而加以说明，我们就称之为相对的东西。例如"更高"一词乃是借与别一个东西比较而说明的，因为它所指的乃是比某一其他的

① 亚里士多德在这里把两类不同的词列为"相对者"：一类是那些被称为别的东西的（例如别的东西的二倍）；另一类是那些以任何方式与别的东西有关的。前者指所有那些有一个第二格名词跟在后面的词。希腊文名词第二格的作用是不能单用汉语"××的"表示出来的，因为"比较……更"也是用第二格表达的。——中译者

东西更高。同样地,"二倍"一词,也有一个外在东西作比较,因为它的意思是指某一其他东西的二倍。这一类的所有其他的东西也都如此。此外,还有些别的相对的东西,例如习惯、状态、知觉、知识和姿态。所有这些东西的意义,是借与别的东西的关联才能说明,要不然就无从说明。例如,一种习惯乃是某件事的习惯,知识乃是某件事物的知识,姿态乃是某件事物的姿态。所有曾提过的其他的相对的东西的情形都如此。所以那些借着与某一他物的关联而说明其性质的语词,就都称为相对的,其间的关系,以包含有"的"这个介词或别的介词来表示。这样,一座山与另一座山比较而被称为大山,因为这座山由于与某物比较才能取得"大"这个属性;再者,被称为类似的东西必须与某些别的东西类似,而所有其他这类属性,都有这种外在的关系。必须注意:躺卧着、站立着和坐着都是特殊的姿态,但姿态本身则是一个相对的语词。卧、站、坐等本身不是姿态,而是由刚才所说的各种姿态引申而取得名称的。

相对的东西可以有相反者。例如,德性有一个相反者,就是恶行,这两者都是相对的东西;知识也有一个相反者,就是无知。但不是所有相对的东西都有这个特性;"二倍"和"三倍"就没有相反者,任何这类的语词也都没有相反者。

相对的东西也显得能容许程度的不同。因为"相似"和"不相似","相等"和"不相等"可以有"更多"和"更少"这种修饰词加在它们上面。而所有这些东西都是相对的语词,因为"相似"和"不相似"[①]都是就与一个外物比较而言的。

① 英译此处为"不相等",兹按希腊文原本译出。——中译者

但是，必须指出，并不是每个相对的词都容许有程度上的不同。像“二倍”这样的语词，就不容许这种修饰词。所有相对的东西都有与它相关的东西。用“奴隶”这个词我们的意思是指一个主人的奴隶；用“主人”这个词，我们的意思是指一个奴隶的主人；用“二倍”，是指那是它的一半的二倍，一半则是指那是它的二倍的一半；用“较大”，是指比那较小的为大，用“较小”是指比那较大的为小。

关于任何其他相对的语词，亦都如此；但是，我们用来表达这种相关关系的词格，在某些场合，情形并不一样。例如，说知识时，我们的意思是指关于可识的东西的知识；说可认识的东西，我们的意思是指那被知识所认识的东西；说知觉，是指可知觉的东西的知觉；说可知觉的东西，是指那被知觉所知觉的东西。[①]

不过有时这种相关关系的交互性，却好像并不存在。这是由于弄错才发生的，因为相对者所相对的东西没有被精确地说出来。如果有人说翼必然是与鸟相对，那么，这两者之间的关联就不是有交互性的，因为不能够说一只鸟之所以为一只鸟是由于它有翼。原因是：原来这句话是不精确的，因为当翼被称为与鸟相对时，此鸟不是以鸟的资格，而是以有翼的生物的资格，才能如此；因为除鸟之外还有许多生物是有翼的。所以，如果话说得精确，则这个关联就会是有交互性的，因为我们能够说翼必然与有翼的生物相关，而有翼的

① 此段所说的“格”（即词尾的变化），无法用中文表达出来。粗简地说，“的”字部分地代表希文的第二格的词尾，“被”字（中文放在词之前）部分地代表第三格词尾。——中译者

生物之所以为有翼的生物，乃是因为它的翼。

有时，也许需要铸造新字，如果没有现成的字足以适当地说明一种互相关联的话。如果我们规定舵必然与船有关联，我们的定义就不会适当，因为舵并不是与作为船的船就有这个关联，有许多船是没有舵的。这样，我们就不能把这两个语词当做是有交互性的,因为“船”这个字不能说是能在“舵”这个字里而找到说明。既然没有现成的字，如果我们铸造一个例如“有舵之物”这样的名词作为“舵”的相关者，我们的定义也就会更精确些。如果我们这样精确地表达了自己的意思，那么这两个语词就完全是交互地关联着，因为“有舵之物”之所以是“有舵之物”正是由于它的舵。所有其他例子也都如此。把头规定为与“有头者”相关的东西，比规定它为与动物相关，就会更精确些，因为动物并非作为动物就有一个头，有许多动物是没有头的。

因此，当一个东西与另一个东西有关联，而后者又没有一个现成的名称的时候，如果我们从前者的名称引申出一个新的名称来给这个与前者有相互关系的后者，我们也许就最容易理解后者——像在上面所说的例子里面我们从“翼”引申出“有翼者”，从“舵”引申出“有舵之物”那样。

所以，一切相对的东西，如果正确地加以定义，必都有一个相关者。我加上这个条件，是因为如果相对者所相对的东西只被随便而不精确地说出来，就会发现两者并不互相依存。让我把我的意思说得更清楚点。即使在众所公认的相关者那里，并且当两者都有名称的时候，如果其中之一不是用那个表示相关概念的名称来指称，而是用一个不相干意义的名称来指称，则就不会显出两者有互相依存的关系。“奴隶”这个词，如果被定义为不是与一个主人而是与一个人或两足动物或任何诸如此类的东西有关，那么，它和那个与它有关并借这种关系它才获得的定义的东西，就不是互相关联着的，原因是所说的话不精确。再者，如果一个东西被称为与另一个东西相关，而用语又正确，那么，虽然所有不相干的属性都被除开，而只保留那一个借以正确指称两者相关的属性，则所说的互相关联仍然会存在。如果说“奴隶”的相关者是“主人”，那么，虽然所说的主人的所有不相干的属性如“两足的”、“能获得知识的”、“有人性的”等等皆被除掉，而只有“主人”这个属性单独保留下来，则所说的存在于他和奴隶之间的互相关联将仍然不变，因为正是由于属于一个主人所有，一个奴隶才被称为奴隶。反之，两个相关的东西，其中之一如果被不正确地指称，那么，当一切其他的属性都被除开，而只有那使此一者被称为其他一者的相关者的属性单独保留下来的时候，则所说的那个互相关联就会消失。

因为，假定说“奴隶”的相关者是“人”，或者说“翼”的相关者是“鸟”；那么，如果把“主人”的属性从“人”除开，则“主人”和“奴隶”之间的互相关联就会不再存在，因为如果此人不是一个主人，这个奴隶也就不是一个奴隶。同样地，如果把“有翼的”这个属性从“鸟”除掉，则“翼”就不再是“鸟”的相对者，因为要是那个所谓相关的东西不是有翼的，则“翼”当然就没有相关者。

由此可见，互相关联的词必须被正确地指明；如果有现成的名称，话就容易说；如果没有现成名称，无疑地我们有责任造新的名称。这样，如果用语正确，则显然所有的相关者都是互相依存的。

相关的东西被认为是同时获得存在的。在绝大多数的场合这是真的，例如在二倍和一半那里就是这样。一半的存在，必然使得二倍于它的那个东西也存在。同样，主人的存在必然致使奴隶也存在，奴隶的存在也蕴涵着主人的存在；这些不过是一个通则的一些特例。再者，它们彼此相消；因为，如果没有二倍，就没有一半，反之亦然；这个规则同样适用于所有这种相关的东西。但是，似乎并非真是在所有的场合相关的东西都是同时获得存在的。知识的对象看来是先于知识本身而存在的，因为通常我们总是获得那些已经存在着的东西的知识；要找出一门知识其开始存在乃是与它的对象的开始存在同时的，这件事如果不是绝不可能，也是很困难的。

再者，虽然知识的对象一朝不再存在就会同时取消了作为它的相关者的知识，反过来却不然。如果知识的对象不存在，就没有知识；这是真的，因为将会没有什么东西可以被认识。同样这也是真的：如果对某物的知识不存在，此某物却很可以存在着。例如，像作一正方形使其面积与一圆形面积相等这样一件事，如果这个过程真是一种知识的对象，那么，虽则它本身作为一个知识的对象是存在着的，但关于它的知识却还没有存在。再者，如果所有的动物都不再存在，就将会没有什么知识存在，但却可以有许多知识的对象存在着。

关于知觉情形也一样：因为知觉的对象看起来是先于知觉行为而存在的。如果可知觉的东西消灭了，知觉也将不再存在；但知觉的消灭并不取消可知觉的东西的存在。因为知觉蕴涵一个被知觉的物体和一个知觉在其中发生的物体。这样，如果那可知觉的东西消灭了，那么物体也就消灭了，因为物体乃是一个可知觉的东西；而如果物体不存在，那么知觉也将不存在。因此，可知觉的东西的消灭，必引起知觉的消灭。

但知觉的消灭并不引起可知觉的东西的消灭。因为，如果动物消灭了，那么知觉也必消灭，但可知觉的东西如物体、热、甜、苦等等将仍然存在。

再者，知觉是和知觉主体同时被产生出来的，因为知觉和动物同时获得存在。但是可知觉的东西显然先于知觉而存在；因为火和水和诸如此类的原素，即构成动物本身的原素，根本是在动物能是一个动物之前就巳经存在着的，也是先于知觉而存在的。这样，看来可知觉的东西是先于知觉而存在的。

也许有人会怀疑是否真的没有任何实体是相对的，因为这样的情形似乎是有的；他们会问，是不是在第二性实体那里有些例外呢？关于第一性实体没有这种可能，这是真的，因为第一性实体其整体和部分都不是相对的。一个个别的人或一只个别的牛，并不用它与某个外物的关系来加以说明。关于部分也一样：一定的一只手或一个头，并不被规定为一定的一个人的一定的一只手或一个头，却是被规定为一定的人的手或头。关于第二性实体，情形也如此，至少在大多数场合是如此；“人”这个属或“牛”这个属，并不是借它与外物的关系来说明的。又如树林，只有当其为一个人的产业时才是相对的东西，而并非作为树林就是相对的东西。所以很显然，在所提的这些事例里面，实体不是相对的东西。但关于某一些第二性实体，各人意见却不一致；例如，像“头”和“手”乃是借提及那个在其中它们构成了一部分的东西来加以说明的，所以产生了一个印象，好像它们具有一种相对的性质。真的，如果我们关于相对的东西的定义充分完满的话，那么，要证明没有任何实体是相对的东西，此事如果不是完全不可能也会非常困难。但是，如果我们的定义不是充分完满的，如果只有那些与一个外物的关系乃是其存在的一个必需条件的东西才被正当地称为相对的东西，那么也许可以找到一个避免这困难的办法。

依照第一个定义，诚然一切都会是相对的，但一个东西借提及别的东西来说明，并不就使这个东西本质上成为相对的东西。

因此可以清楚地看出：如果一个人确切地知道一个东西是相对的，他也就会确切地知道这个东西与什么东西有关。真的，这可以说是自明的：因为，如果一个人知道某物是相对的东西，并且假定我们所谓相对的东西是指那些与他物的关系乃是其存在的一个必需的条件的东西，那么，他就会知道此物与什么东西有关。因为，如果他根本不知道此物与什么东西有关，他就不会知道此物是否是相对的东西。再者，这一点在一些例子里可以清楚地看出来。如果一个人确切地知道某某物是“二倍”，他也就会立刻确切地知道此物为什么东西的二倍。因为，如果他不知道此物乃是什么一定东西的二倍，他就根本不知道此物乃是二倍。再者，如果他知道一个东西是更美丽的，则他必然就会立刻确切地知道此物比什么东西更美丽。他不会是单单不确定地知道此物比某一不如它美丽的东西更美，因为这将会是一个假定，而不是知识。因为如果他不是确切地知道此物比什么东西更美丽，他就再不能断言他确切地知道此物比某一不如它美丽的东西更美：因为，很可能并没有什么东西不如它那样美。由此可见，显然如果一个人确切地知道一个相对的东西，他必然也就确切地知道这东西与什么东西有关。

但是，头、手和诸如此类的东西乃是实体，并且我们能够确切地知道它们本质上是什么而不必因此就知道它们与什么东西有关。不可能立刻知道所指的是谁的头或手。所以，这些东西不是相对的东西，而既然如此，那么我们说没有任何实体是相对的话也就是正确的了。在像这样的事例里面，不作更详尽的考察而要说出肯定的断言，恐怕是困难的，但是，把有关细节的问题提出来不是没有用处的。

8．“性质”，我的意思是指人们所借以被称为如此等等的那种东西。

性质一词有多种意义。有一种性质我们可称为“习惯”或“状态”。习惯之不同于状态，在于它是较为持久和较为稳定。各种知识和各种德性都是习惯；因为即使一个人所获的知识不多，大家都公认它也是有持久的性质而难于除掉的，除非由于疾病或类似的原因而发生了一种巨大的精神上的震动。德性也然，像正直、克己等等不是容易被逐开赶走、使之让位给恶行的。

反之，状态则是指一种很容易改变并且很快地让位给其对立物的情况。例如，热、冷、疾病、健康等就是状态。因为，就这方面而言，一个人有时处于这样的情况，有时处于那样的情况，但很快地就有变化：由热变冷、由健康变生病。关于所有其他的状态，情形也如此，除非由于年积月累，一种状态本身已经变成为根深蒂固、很难消除；在这种情形之下，我们也许甚至称之为习惯。

显然，人们是倾向于把那些多少属于持久一类并难于消除的情况称为习惯的；那种不能保持知识而善变的人，人们并不称之为具有某某一种知识方面的“习惯”，但我们可以说他们在知识方面是处于一定的或好或坏的状态中。这样，习惯之与状态不同，乃在于后者是短暂的，而前者是永久的、难于改变的。

习惯必然同时就是状态，但状态不一定就是习惯。因为，那些具有某种特殊习惯的人，由于该种习惯，也可以称为处于某种状态中；但是，那些处于某种特殊状态中的人，不一定全有相应的那种习惯。

另外一种性质是这样的一种东西：由于它，我们说某某人是善击拳者或善跑者，或某某是健康的人、是多病的人。事实上，它包括所有指天生的能干或天生的无能的那些语词。这些东西不是根据一个人所处的状态而是根据他天生的能干或无能、即根据他能否容易地干某件事或避免某种失败而被用来述说他的。有些人被称为好拳师或赛跑家，不是根据他们的某种状态，而是根据一种善于干某种事情的天生才干。

有些人被称为健康，由于他们有某种天生能力善于抵抗那些平常发生的病痛的侵袭；有些人被称为不健康，由于他们缺少这种天生能力。关于软和硬也是如此。一个东西被称为硬的，因为它有一种抵抗能力，使它抗拒破坏；再者，某物被称为软的，则由于它缺乏这种抵抗的能力。

这个范畴里面的第三类，是影响的性质和影响（πάθη）。甜、苦、酸是这一类性质的例子，所有像这样的东西都属于这一类；还有热和冷，白和黑也是影响的性质。显然，这些东西乃是性质，因为那些拥有它们的东西，本身就由于它们的存在而被称为是甜的、苦的、酸的……。蜜被称为甜的，因为它包含有甜的性质；物体被称为白的，因为它包含白的性质；所有其他相似的例子都如此。

"影响的性质"一词，不是用来表示说那些容纳了这些性质的东西遭受了某种影响。蜜不是因为它以某种特殊方式遭受了影响而被称为甜的；在任何其他例子中也不是这个意思。同样地，热和冷被称为影响的性质，不是因为那些能容纳它们的东西受了影响。真正的意思是说所举的这些性质能够产生一种以知觉为其方式的"影响"。因为甜有一种影响味觉的能力；热有影响触觉的能力，这类性质的其他各种也都如此。

不过白和黑，以及其他的颜色，却不是在这个意义之下称为影响的性质，而是因为它们本身就是一种影响的结果而被称为影响的性质。很清楚，许多颜色的变化是因为受影响而发生的。当一个人害羞的时候，他就脸红；当他害怕的时候，他就变苍白，诸如此类。这一点是这样的真实，以致如果一个人由于他的体质里面诸原素的并存状态使他天性易受这种影响，则很可以推论他具有一种相应的肤色。因为像前面例子中所说由于过度羞耻而暂时出现的那种身体原素的并存状态，同样能够是一个人的天生气质的结果，以致产生了那也成为他的自然特征的一种相应颜色。因此，所有这一类情况，如果是由于某种经常的和持久的影响所引起的，就称为影响的性质。因为根据肤色苍白或微黑，我们就被称为苍白的人或微黑的人，不单当这种颜色是由于天生的体质所产生时如此，而且当它们是由于长期生病或受日光曝晒以致难于消除或竟终身不变时也如此；就这一点而言，它们就被称为性质。因为即使是后面这种情况，我们也同样被称为苍白的人或微黑的人。

但是，那些由于可以很容易使之失效或可以很快地把它除掉的原因所产生的情况，就不被称为性质而被称为影响：因为，我们并不是根据它们而被称为是这样或那样的人。由于害羞而脸红的人，并不被称为一个天生的红脸孔的人，一个因害怕而变苍白的人，也并不被称为是天生脸孔苍白的。他倒不如被称为受了影响。因此这些情况称为影响，而不称为性质。

同样地，灵魂也有影响的性质和影响，一个人生下来就具有的、以某种根深蒂固的影响为其根源的一种性情，我们称之为一种性质。我意思是指像疯狂、易怒等等；因为根据这些东西人们就被称为疯狂的人或易怒的人。同样地，那些不是天生的但是由某些其他因素的并存而产生、并且难于去掉或根本就成为不变的反常的精神状态，我们也称之为性质，因为根据它们人们就被称为是这样的人或那样的人。

但是，那些由于可以很容易使之失效的原因所引起的，就被称为影响而不被称为性质。假定一个人遭到不愉快的事而发怒，甚至当他在这种情形之下发了点脾气的时候人们也不称他为坏脾气者，倒不如称他为受了影响。因此，这些情况不称为性质而称为影响。

第四类性质是物的形或形状；除此以外，还有直或曲，和其他这一类的性质；这种东西的每一种把一件东西规定为这样的东西或那样的东西。一件东西因为它是三角形的或四角形的，就被称为具有某种特质，或者，如果它是直的或曲的，就被称为具有直或曲的特质；事实上一个东西的形状在每一个场合都引起对这个东西的一种性质的规定。

疏和密，粗和滑似乎是表示性质的语词；但这些东西好像应当属于与性质不同的一类。因为这些语词的每一个所表示的，不如说是被这样形容了的那个东西的各组成部分之间的某种相对的位置。一个东西是密实的，由于它的各组成部分是彼此紧密结合着的；一个东西是疏松的，因为它们各部分之间有空隙；是光滑的，因为，譬如说，它的各部分是平摆着的；是粗糙的，因为有些部分凸出于其他部分之外。

也许还有别种的性质，但是那些最正当地被称为性质的，我们可以说都举出来了。

这些就是性质，而那从它们取得名称（这种名称叫做“转成语”）的东西，或者以某种方式依赖于它们的东西，则被称为带有某种特殊性质。在大多数而且事实上是在所有的场合，那具有某种性质的东西都是从该种性质取得其名称的。

例如，“白”、“语法”、“正义”这些语词，就给了我们以“白的”、“通晓语法的”、“公正的”等等形容词，此外还有别的相似的情形也都如此。

不过也有些场合，在那里由于被考察的性质并没有一个名称，因此就不可能使那些具有该性质的东西有一个转成语作为自己的名称。例如，有些人根据一种天生的才干而获得的善跑者、善击拳者等等称号，就不是从任何一种性质引申出来的；因为人们并没有指定名称给这些才干（正是由于具有这些才干的人们才被称为是这样或那样的人）。在这方面，各门技能的知识就有所不同了〔各门知识是有名称的〕。[①]根据人们具有各该门技能的知识，人们就被称为拳术家或角斗术家。这样一种知识被包括在状态那一类里面，并且有一个名称，称为“拳术”或“角斗术”，看情形而定，而那〔通过练习而〕处于某种状态中的人，就从该门知识的名称引申出他们自己的名称。

有的时候，即使某种性质有一个名称，但从这种性质获得自己的特性的东西，却有着一个并非转成语的名称。例如，正人君子是由于具有德性这个性质而获得他的名称的，但所给予他的这个名称却不是从“德性”这个字引申出来的。不过这种情形并不常常发生。

因此，我们可以说，那些从上面所举的性质的名称引申出自己的名称或者以别种方式依靠着它的东西，就被称为具有某种特殊性质。

一个性质可以是另一性质的相反者；例如，正义是不义

① 此处英译疑有错误，兹按希腊文原文译出。——中译者

的相反者，白是黑的相反者，等等。那些根据这种性质而被称为这样或那样的东西，也可以彼此相反；因为，正义的事物是与不义的事物相反的，白的东西是与黑的东西相反的。不过，这并不是常常如此的。红、黄以及此类的颜色，虽然是性质，却并没有相反者。

如果两个相反的东西之一是一个性质，其他那个东西也将是一个性质。只要举些个别的例子，把所用的名称试用来指其他的范畴〔看看是否妥当〕，就可以把这一点弄清楚；例如，假定正义是不义的相反者，而正义是一个性质，则不义就将是一个性质；除了性质这个范畴，不论是数量或关系或地点或任何其他范畴，都不能正当地适用于不义。所有其他包括在性质这个范畴之内的相反者，情形都是如此。

性质容许有程度的不同。一个东西可以被称为比另外一个东西更白些或没有那么白。关于正义，情形也一样。再者，同一个东西可以表现出比它以前具有更大程度的某种性质：如果一个东西是白的，它还可以变得更白些。

虽然情形一般是这个样子，但例外也是有的。因为，如果我们说正义容许有程度的不同，就会有困难发生，关于所有是状态的那些性质，亦复如此。事实上在这里有些人对于这种有程度的不同的可能性是抱有不同意见的。他们认为，正义和健康本身实在不能容许有程度的不同，不过人们是在不同的程度上具有这些性质，而这种情形也正存在于语法学问和所有那些被归于状态一类的东西那里。但是，无论如何，这却是一个不容置辩的事实：那些根据这些性质而被称为某种东西的东西，是以不同的程度具有着这些性质的；因为一个人被称为比另一个人更擅长于语法，或更健康，或更公正，诸如此类。

那些由“三角形的”和“四角形的”等语词所表示的性质，显然是不容许有程度的不同的，事实上，任何与形有关的性质，都显然是这样不能容许有程度的不同的。因为，所有三角形或圆形的定义可以适用的那些东西，都相等地是三角形的或圆形的。反之，同一个定义所不能适用的那些东西，则不能被称为彼此有程度之差；一个正方形比一个长方形并不更是一个圆形，因为圆的定义对两者皆不适当。简言之，如果所提出的语词的定义，不能适用于两个物体，则此两个物体就不能互相比较。因此，并不是所有的性质都容许有程度的不同。

在我所提及的这些特征中，没有一种是性质所专有的；反之，相似或不相似只能用于述说性质，这个事实才给予性质这个范畴以它的凸出的特色。一个东西与别一个东西相似，只是就此物凭什么是这样或那样来说的；[①]由此可见，这乃是性质的特殊标志。

我们切不可因为有人会提出抗辩，说我们虽然声明是讨论性质的范畴但却在其中包进了许多相对的语词而感到不安。我们确曾说过习惯和状态是相对的。实际上差不多在所有这些场合，种乃是相对的，而个体则不是。例如，知识作为种乃是由于它与另一东西的关系来加以说明的，因为我们的意思是指关于某些东西的一种知识。但专门的各门知识却

① 德译本此句为：“只是就物所具有的性质方面而言。”——中译者

不是这样来说明的。语法的知识不是相对于某些外物的，音乐的知识也不是相对于某些外物的；这些东西，如果可以说是相对的话，那就只是通过它们的种才是如此；例如，语法被称为关于某些东西的知识，而不是被称为关于某些东西的语法；同样地，音乐是某些东西的知识，而不是某些东西的音乐。

由此可见，个别的各门知识不是相对的。并且正是因为我们具有这些个别的各门知识，我们就被称为是这样的人或那样的人。我们所实际具有的，是这些东西；我们因为具有某门特殊的知识而被称为专家。因此，我们有时所借以被称为这样人或那样人的特殊科学部门的知识，其本身乃是一些性质，而不是相对的。再者，如果有些东西恰好同时属于性质的范畴和关系的范畴，那么就把它同时归在这两类里面，也不是什么荒谬的事。

9．活动和遭受两者都容许有相反者，也容许有程度的不同。加热是冷却的相反者，被加热是被冷却的相反者，觉得高兴是觉得苦恼的相反者。所以它们是容许有相反者的。它们也容许有程度的不同：因为可以多热些或少热些，也可以被热得高些或被热得低些。由此可见活动和遭受也容许有程度的不同。关于这两个范畴，就讲这么多吧。

再者，当我们在讨论关系的范畴时，我们曾谈及姿态的范畴，说这种语词乃是从它们的相应的姿态的名称引申出自己的名称的。[1]

至于具他的几种范畴即时间、地点、状况等，既然它们是很容易理解的，关于它们除了开始时所说的话以外，我不再多说了:即是,在状况〔具有〕的范畴里,包括像“着鞋的”、“武装的”等等情况,在地点的范畴里,有“在吕克昂”等等,像以前所解释的那样。

10. 所提出的范畴，现在可以说都已经适当地讨论过了。

其次我们所必须说明的，是“对立”这个语词的各种意义。事物在四种意义上被称为互相对立：(1) 相关者的互相对立，(2) 相反者的互相对立，(3) 缺乏者与实有者的对立，(4) 肯定命题与否定命题的对立。

让我大略说一说我的意思。“对立”一词用于指相关者时的例子之一，是“二倍”和“一半”这两个用语；指相反者的，如“坏”和“好”。在“缺乏者”和“实有者”这个意义下的对立者则如“盲”和“视力”；在肯定命题和否定命题的意义下被使用的，如“他坐着”和“他不是坐着”这两个命题。

(1) 属于关系范畴的各对对立者，都借对立的一项与另一项的关系来加以说明，这个关系由介词“的”字或一个其他的介词来表示。例如，“二倍”是一个相对的语词，因为那个是二倍的东西，是被作为某物的二倍来说明的。再者，

① 参阅第七章第三段。

在同样的意义之下知识乃是与被认识的东西相对立的；被认识的东西也是借它与它的对方即与知识的关系来说明的。因为，被认识的东西是作为被某种东西即是被知识所认识的东西来说明的。因此，这种以作为相关者这个意义而彼此对立的东西，乃是借其一方对他方的关系而获得说明的。

(2) 作为相反者的各对对立者，不在任何方式之下互相依存，而是彼此相反的。好东西不是作为坏东西的好东西来看待的，而是作为坏东西的相反者来看待的，白也不是作为黑的白来看待的，而是作为黑的相反者来看待的。因此，这两种类型[①]的对立乃是有区别的。如果相反者是具有这样的性质的，即它们自然地存在于其中的主体或它们可被用来述说的主体必然包含此相反者之一方或他方，那么，它们之间就没有居间的东西；但是，在其主体不一定包含其一方或他方的那些相反者那里，就常常有居间的东西。例如，疾病和健康自然地存在于一个动物的躯体里面，而且必然是其一或其他存在于一个动物的躯体里面，又如奇或偶是被用来述说数目的，并且必然是其一或其他存在于每一数目里面。这两对东西中的每一对，双方之间并没有什么中介的东西。反之，在那些没有这种必然性的相反者那里，我们可以发现有中介的东西。黑色和白色自然地存在于物体里面，但并不一定要其一或其他存在于物体里面，因为我们不能够说每一个物体必然或者是白的或者是黑的，两者必居其一；又如好和坏是用来述说许多其他东西的，但并不一定是其中一种性质必然

① 此处指上一段所说的和这一段所说的两种对立者。——中译者

存在于它们的主体之中；我们不能说每一种可以是好的或坏的东西都必定或者是好的或者是坏的，两者必居其一。每一对这样的相反者都有中介者；白和黑之间的中介者是灰色、土黄色和其他介于白与黑之间的颜色；介于好与坏之间的东西是那既非好也非坏的东西。

有些居间的性质有名称，例如灰色、土黄色和所有其他介于白与黑之间的颜色；但是，在另外的场合，却不容易说出居间者的名称，不过我们应该把它规定为那不是两极端的东西，像在那既非好又非坏的东西、那既非公正又非不公正的东西那里一样。

(3)“缺乏者”和“实有者”都是就同一个主体而言的。例如，视力和盲都是对于眼睛而言的。一般地说来，这种类型的每一对对立者的双方，都是用来述说那本性上本来应该具有该对对立者中的“实有者”一方的东西的。我们说那个能够有某种能力或“所有”的东西被剥夺或丧失这种能力或这种“所有”，如果该种能力或该种“所有”在它本来应该存在于它的主体之中的时候一点也不存在于该主体之中的话。我们并不把那些本来没有牙齿的东西称为无牙的，或者把本来没有视觉的东西称为瞎眼睛的，而是把那些按本性来说在某个时候本来应该有牙齿或视觉、而它们在那个时候却并没有牙齿或视觉的东西，才称为无牙的或瞎眼睛的。因为有许多生物从出生起就没有视觉或者没有牙齿，但这些东西并不被称为无牙的或瞎眼睛的。

没有某种能力或具有某种能力，并不等于那相应的“缺乏者”或“实有者”。“视力”是一个“实有者”，“盲”是一个“缺乏者”，但“具有视力”并不等于“视力”，“是瞎眼睛的”并不等于“盲”[①]。盲是一“缺乏者”；是瞎眼睛的则是在一种缺乏的状况中，但并不是一“缺乏者”。再者，如果“盲”等于“是瞎眼睛的”，那么，两者就该都可以用来述说同一个主体了；但是，虽然一个人被称为是瞎眼睛的，他却绝不被称为就是“盲”。

处于占有的状态之中是与处于缺乏的状态之中对立着的，正像“实有者”和“缺乏者”本身是对立者一样。在这两种情形里面，对立的方式是一样的；因为，正如盲是与视力相反，是瞎眼睛的也与有视觉相反。

被肯定或被否定的东西本身不就是肯定或否定。我们说“肯定”意思是指一个肯定命题，说“否定”是指一个否定命题。但是，那些构成了肯定或否定的实质的东西并不是命题；可是这两者〔两个事实〕却也是以同样的意义被称为互相对立，正像肯定和否定之被称为互相对立一样，因为在这里对立的方式也是相同的。因为正像肯定和否定（例如“他坐着”和“他不是坐着”这两个命题）是对立着的，构成命题之一的实质的那个事实也是与那构成另一个命题的实质的另一个事实对立着的，就是说，他之坐着和他之不坐着乃是对立着的。

显然，“实有者”和“缺乏者”之互相对立并不是像相对者之互相对立那样的。不论“实有者”或“缺乏者”，都并不借它与其对方的关系来说明；视力并不是盲的视力，也没有什么别的介词被用来表示它们之间的关系。同样地，盲

① 作为名词的“盲”，而不是作为形容词的“盲”。

并不被称为视力的盲，却是被称为视力的缺乏。再者，相对的东西有交互关系；因此，如果盲是一个相对的东西，那么，在它和那个是它的相关者的东西之间，就该会有一种关系的交互性。但情形并不如此。视力并不被称为盲的视力。

那些属于“实有者”和“缺乏者”的项目之下的语词也不是像相反者那样彼此对立着的，这一点从下面的事实可以清楚地看出来：没有居间的东西的一对相反者，相反者的一方或他方，必须存在于它们按本性而存在于其中的主体里面，或者必须存在于它们被用来述说的主体里面；因为我们已经证明，正是在那些带着这种非此即彼的必然性的东西那里，是没有什么居间者的。我们并举出健康和疾病、奇和偶为例。但是那些有着居间的东西的相反者，则不受这种必然性的限制。并不一定每一个能容许有这类性质的实体都必须不是白的就是黑的，不是冷的就是热的，因为一些居于这些相反者之间的东西很可能存在于主体之中。我们还证明：那些不带着这种非此即彼的必然性的相反者，是有着居间的东西的。但是，当两个相反者之一乃是主体的一个构成性质的时候，像“是热的”乃是火的一个构成性质、“是白的”乃是雪的一个构成性质那样时，则就绝对地必然只有两个相反者中的一定的一个，而不是随便这个或那个，存在于主体之中；因为火不能是冷的，雪不能是黑的。由此可见：在这里，事实上并不是两个相反者之一必定存在于每一个能容许有这些相反者的主体之中，而却只是存在于那个以该一方为一个构成性质的主体里面，并且，在这种情形之下，只有这一对相反者中的一定的一方而不是随便一方或他方，确定地存在于主体之中。

反之，在“实有者”和“缺乏者”那里，上面所说的情形就完全不存在。因为，并不一定是每一个能容纳这些性质的主体，都总有其中一种或其他一种性质；那还没有发展到按本性说应该能看东西的阶段的东西，既不被称为是瞎眼睛的，也不被称为是能看东西的。因此，“实有者”和“缺乏者”是不属于那些没有居间者的相反者那一类的。从另一方面说，它们也不属于有居间者的相反者那一类。因为，在某种情形之下，其中一方或其他一方必须形成每个适当的主体的一个构成部分。因为，当一个东西达到了即按本性说是能够有视力的阶段的时候，它就会被称为或者是能看东西的，或者是不能看东西的，而且是在一种不确定的意义之下，即是，这种能力或者存在，或者不存在；因为不是要它一定是能看东西或者一定是不能看东西，而只是它必须是在这一种状况或那一种状况之中——随便哪一种都可以。但在有居间者的那些相反者那里，我们发觉不一定其中的一方或其他一方总得存在于每一个适当的主体中，而只是发现在某些主体中相反者的一方必然要存在，而且必是其中确定的一方。因此，很清楚，“实有者”和“缺乏者”之互相对立，其意义与相反者之互相对立的两种意义都是不同的。

再者，在相反者那里，有可能一方变为另一方，而主体却保持其同一性，除非相反者之一乃是该主体的一个构成性质，像热之于火那样。因为，很可能那健康的东西变成有病，白的东西变黑，热的东西变冷，好的东西变坏，坏的东西变好。坏人如果被引导到一种更好的生活和思想方式，就可能有所改进，不管这种改进是怎样微小；如果他一朝有了改进，不管这种改进是怎样微小，很清楚他就可能完全改变，或者至少会有很大的进步；因为一个人总是越来越容易被引向德性的路上去的，不管开初的改进是多么微小。因此，自然可以假定他将会获得比过去所获得的更大的进步；只要这个过程维持下去，它将会把他完全改变过来，并把他带进相反的状况中，只要他不受缺乏时间的阻碍。在"实有者"和"缺乏者"那里，却不可能有两个方向的变化。也许可以有从占有到缺乏的变化，但不可能有从缺乏到占有的变化。瞎了眼睛的人，不会再获得视力；秃了脑壳的人，不会再长出头发；掉落了牙齿的人，不会再长出一套新的牙齿。

(4) 作为肯定和否定而互相对立的东西，显然是属于与上面三种都不相同的另一类的对立，因为在这里，而且只有在这里，必定要对立的一方是正确的而他方是错误的。

在相反者那里，在相关者那里，以及在"实有者"和"缺乏者"那里，都不需要对立的一方是正确的而他一方是错误的。健康和疾病是相反者；两者都不是正确的或错误的。"二倍"和"一半"是作为相关者而对立着的：两者都不是正确的或错误的。关于"实有者"和"缺乏者"，例如"视力"和"盲"，情形当然也一样。简言之，在没有词与词相联结的地方，也就不会有正确和错误。而至此为止我们所提及的所有那些对立者，却都是由简单的词构成的。

但同时，当包含在两个对立的命题里的两个词本身乃是相反者的时候，这些词比起任何其他各组的对立者就似乎更有权利要求有这种特性。“苏格拉底现在有病”是“苏格拉底现在安好”的相反者，但即使对于这种复合的语言，也不是永远真可以说其一方必然是正确的而他方是错误的。因为，如果苏格拉底存在，那么其中一方将会是正确的而他一方是错误的；但如果他不存在，则双方都将是错误的；因为，“苏格拉底现在有病”既不是正确的，“苏格拉底现在安好”也不是正确的，如果苏格拉底根本就不存在的话。

在“实有者”和“缺乏者”那里，如果主体根本就不存在，则两个命题都不是正确的，但即使主体存在，事实上也不必是其一必正确，其一必错误，因为，当“对立”这个词是用来指占有和丧失这个意义之下的东西的时候，“苏格拉底有视力”乃是“苏格拉底是瞎眼睛的”的对立者。现在，假定苏格拉底是存在的，还不一定这两个命题之一就是正确的而他者是错误的，因为当他还不能获得视觉能力的时候，两者都是错误的，正如当苏格拉底根本就不存在的时候那样。

但是，在肯定和否定那里，不论主体存在与否，则一方必定是正确的而他方是错误的。因为，很显然，如果苏格拉底存在，则在“苏格拉底现在有病”和“苏格拉底现在不是有病”两个命题之中，总必有一个是错误的而另外一个是正确的。如果他不存在，情形也同样如此；因为如果他不存在，那么说他是有病就是错误的，说他不是有病就是正确的。由此可见，只有在对立者这个词是用于指肯定和否定之间的对立的时候，在两个对立者那里才适用这样的规则，即两方中之一方必是正确的而他一方是错误的。

11. 一种善的相反者是一种恶，这一点是能用归纳法证明的：健康的相反者是疾病，勇敢的相反者是怯懦，依此类推。但是一种恶的相反者有时是一种善，有时是一种恶。因为，例如不足乃是一种恶，它有过度作为它的相反者，而过度也是一种恶；持中是一种善，它却同样地是两者的相反者。不过，只有在很少的场合，我们才看到这种例子，在绝大多数场合，一种恶的相反者乃是一种善。

在相反者那里，事实上不一定常常是如果其一方存在则他方必存在；因为，如果一切的人都变成健康的，那么就将只有健康而没有疾病，又如果每样东西都变成白的，就将只有白，但没有黑。再者，既然苏格拉底有病这个事实乃是苏格拉底安好这个事实的相反者，而两个相反的情况是不能同时属于同一个个体的，所以这两个相反者便不能同时存在：因为如果苏格拉底安好是一个事实，那么苏格拉底有病就绝不能也是一个事实。

相反的属性必须存在于那些属于同属或同种的主体之中，这一点乃是很显然的。疾病和健康需要动物的躯体作为它们的主体；白和黑需要一个不必再加以形容的物体作为它们的主体；正义和不义需要人的灵魂作为它们的主体。

再者，这也是必然的，即每一对相反者必定或者属于同一个种，或者属于相反的种，或者本身就是两个种。白和黑属于同一个种，即颜色；正义和不义属于相反的种，即德行和恶行；善和恶不属于什么种，而本身就是实在的种，包含着别的东西作为自己的属。

12. 在四种意义上，一个东西能够被称为“先于”另一个东西。在最初的和最正当的意义上，这个词是与时间有关的：在这个意义上，它是用来表示一物比另一物更古旧或更古老，因为“更古旧”和“更古老”意涵着更长的时间。

其次，一物被称为“先于”另一物，当它们的存在的次序不能够颠倒过来的时候。在这个意义上，“一”是“先于”“二”的。因为，如果“二”存在，则立刻可以断定“一”必定存在，但如果“一”存在，就不能断定“二”一定存在：所以存在的次序是不能颠倒的。这样大家都同意：当两个东西的次序不能颠倒过来的时候，则那个为另外一个所依赖的东西，就被称为“先于”那另一个。

第三，“先于”一词被用来谈及任何次序，如像在科学和雄辩术那里。因为，在用证明的科学里面，在次序上是有先有后的；在几何学里面，原理是先于命题的；在阅读和写字中，字母是先于音节的。同样地，在演说中，导言在次序上是先于叙述的。

这个词除这几种意义之外，还有第四种意义。凡是更好的和更可尊敬的都被称为有自然的优先权。在平常的说话里面，人们称那些他们所敬爱的人为在他们心中占优先位置。这个意义也许是最牵强附会的。

这些就是“先于”一词的各种不同的意义。

但除上面所提的那些意义之外，好像还有另外一种。因为，在那些彼此互相蕴涵的东西中间，那个在某种方式上可以合理地被认为是原因的，就被称为“先于”它的效果。显然，这样的例子是有的。一个人存在着这个事实，蕴涵着“他存在着”这个命题的正确性，并且这种蕴涵的关系是交互的；因为，如果一个人存在，那么，我用来断定他是存在的那个命题也就是正确的，反过来说，如果我们用来断定他存在的那个命题是正确的，那么他就是存在的。但是，那个正确的命题绝不能是这个人的存在的原因，而这个人存在这个事实，看来才是这个命题之所以为正确的原因，因为命题的正确或错误取决于这个人存在或不存在这一事实。

由此可见，“先于”一词，可用于五种意义上。

13．“同时的”一词，首先地而且最适当地适用于那些其中一个是与另一个同时发生的事物；因为在这种场合，其中一个事物物并不先于也不后于另一事物。这种东西就时间而论就被称为是同时的。此外，那些其中一个的存在必然使另一个也存在、而同时任何一个的存在又不是另一个的存在的原因的事物，就它们本性而言也是“同时的”。关于二倍和一半，情形就是这样，因为这两者乃是互相依赖的，因为如果有二倍，也就有一半，如果有一半，也就有二倍，但同时任何一个都不是另一个的存在的原因。

再者，那些在同一个种里面彼此有别、彼此对立的各个属，也被称为按本性而言是“同时的”。我意思是指按同一种分类方法〔分类原则〕而被区分的那些属。例如，“有翼的”这个属是和“有足的”和“水栖的”这两个属同时的。这些属是在同一个种里面被区分并且彼此互相对立的，因为“动物”这个种有“有翼的”、“有足的”和“水栖的”这几个属，而其中任何一个属都不先于或后于其他的属；正相反，这些东西显出在本性上是“同时的”。这些属的每一个，无论是有足的、有翼的、水栖的，都可以再细分为许多科。这些属〔科〕，就本性说也是“同时的”，它们属于同一个种〔属〕，它们也是根据同一种分类方法而互相区别的。

但种是先于属的，因为它们存在的次序不能被颠倒过来。如果有“水栖动物”这个属，就会有“动物”这个种，但假定有“动物”这个种，并不一定能推论出有“水栖动物”这个属。

因此，那些其中一个的存在必然使另一个存在，但任何一个却绝不是使另一个存在的原因的事物，按本性说就被称为是“同时的”；还有，那些在同一个种里面被互相区分开来并且彼此互相对立的属，也被称为是“同时的”。再次，那些在同一时间发生的事物，则是在绝对的意义之下被称为是“同时的”。

14．运动共有六种：产生、消灭、增加、减少、改变和位移。

显然，除了一种情形之外，所有这各种运动都是彼此有分别的。产生不同于消灭，增加和位移不同于减少，等等，如此类推。但是，在改变这一种运动那里，也许有人会提出抗辩，说这种改变的过程必然蕴涵着其他五种运动的这一种或那一种。但这并不是正确的，因为我们可以说所有的或差不多所有的影响都在我们之中引起了不同于所有其他各种运动的一种改变，因为受影响的不必遭遇到增加或减少或其他任何一种运动。因此改变乃是一种不同的运动；因为，如果不是这样，则那改变了的东西就会不单被改变而且同时必然被增加或减少或遭受到其他各种运动的某一种；但事实上，情形并不如此。同样，如果改变不是一种不同的运动形式，则那受到增加的过程的东西或遭受某种别的运动的东西，也必然应该受到改变。但有些东西受到增加但却不受到改变，例如，如果把一个磬折形加到一个正方形上去，正方形就会受到增大但不会受到改变，[①]其他一切这一类的“图形”，情形也是如此。因此，改变和增大是不相同的。

一般地说，静止是运动的相反者。但各种不同的运动形式是以其他的运动形式作为自己的相反者的；例如，消灭是产生的相反者，减少是增大的相反者，停止于一个地方是移动地点的相反者。关于地点的移动，逆方向的移动好像最真正是它的相反者，例如，向上的运动是向下的运动的相反者，反过来说也是一样。

以前所提那些运动中其余那一种（按：指改变——中译者），就不容易说出它的相反者是什么。它好像没有相反者，除非人们在这里把相反者也规定为或者是“性质不变”或者是“向相反的性质的转变”，像我们把位移的相反者规定为或者是停止于一个地方或者是向相反的方向移动那样。因为，当有性质的改变发生时，一个东西就改变了；因此，它的性质之不变，或者向相反的性质的变化，可以被称为这种性质

① ⊞ ■ 表示原来的正方形；⌊⌋表示所加的磬折形。

方面的运动形式的相反者。这样变白就是变黑的相反者；因为由于性质的改变，那个东西也就改变成为它的相反者。

15．“有”一词，是在各种不同的意义之下来使用的。首先，它用来说习惯或状态或任何其他的性质，因为我们被称为“有”一点知识或一种德性。其次，它用来谈数量，例如，用来说一个人所有的高度；因为他被称为“有”三丘比特或四丘比特高。再其次，它用来说衣着，因为一个人被称为“有”〔穿〕一个短衣或长褂；或者，用来说某些我们戴在我们身上某部分上面的东西，例如手指上的戒指；或者，用来说某些是我们身体的一个部分的东西，例如手或脚。这个词也可用来说内容，例如谈到容器和麦子，或瓶子和酒时，我们说一个容器里有麦子，或一个瓶子里有酒。这个词在此处所要表达的乃是内容。或者，它也可用来说那已经获得了的东西：我们被称为“有”一座房子或一块土地。一个人还被称为“有”一个妻子，一个妻子被称为“有”一个丈夫，这个意义显出是这个词的最广的意义，因为我们在这里用它，意思只是说丈夫和妻子在一起生活。

也许还可以找到别的意义，但最通用的意义已经都指出来了。

解　释　篇

解释篇内容提要

第一章　(1) 口语是思想的符号。

(2) 孤立的思想或用语既不是正确的也不是错误的。

(3) 正确和错误只是思想或词语的某些结合的属性。

第二章　(1) 名词的定义。

(2) 简单的和复合的名词。

(3) 不确定的名词。

(4) 名词的格。

第三章　(1) 动词的定义。

(2) 不确定的动词。

(3) 动词的时式。

(4) 动名词和形容词。

第四章　句的定义。

第五章　简单的和复合的命题。

第六章　矛盾命题。

第七章　(1) 全称的、不确定的和特称的肯定命题和否定命题。

(2) 相反命题与矛盾命题不同。

（3）在主词为全称或特称的两个相反命题中，一命题的正确即蕴涵着另一命题的错误，但在不确定的命题中，情形就不是这样。

第八章 单一的命题的定义。

第九章 谈及现在时或过去时的命题，必定或者是正确的，或者是错误的；谈及将来时的命题，必定或者是正确的，或者是错误的，但哪一个是正确的哪一个是错误的，则不能决定。

第十章 （1）各对肯定命题和否定命题的图解式排列，(a) 不带动词“是”的补语的，(b) 带有动词“是”的补语的，(c) 以一个不确定的名词为主词的。

（2）否定词的正确的位置。

（3）相反命题绝不能两者都是正确的，但在特称相反命题则两者可以都是正确的。

（4）在特称命题中，如果肯定命题是错误的，则其相反命题是正确的；在全称命题中，如果肯定命题是错误的，则其矛盾命题是正确的。

（5）以一个不确定的名词和一个不确定的动词构成的命题，不是否定命题。

（6）以一个不确定的名词为主词的命题对其他命题的关系。

（7）名词和动词的换位并不使命题的意义改变。

第十一章 （1）有些貌似简单的命题，实在是复合的。

（2）同样地，有些辩证的问题实在是复合的。

（3）辩证的问题的性质。

(4) 当具有同一主词的两个简单命题都是正确的时候，由该两个命题的宾词的结合而获得的那个命题，并不一定是正确的。

(5) 许多当单独时都是属于同一个主体的宾词，只当它们都是本质上可以用来述说该主体、并且其一宾词并不暗含在另一宾词之内时，才能结合起来形成一个简单的命题。

(6) 一个复合的宾词，当它里面包含着用词的矛盾时，或宾词之一是用于第二性的意义之下时，就不能分解为简单的宾词。

第十二章 (1) 关于可能性、不可能性、偶然性和必然性的命题。

(2) 规定此种命题的恰当的矛盾命题。

第十三章 (1) 表明存在于此种命题之间的关系的格式。

(2) 证明这个格式的不合逻辑。

(3) 修订了的格式。

(4) 被称为可能的东西，可以是 (a) 经常实在的，(b) 有时实在的有时不实在的，(c) 绝不实在的。

第十四章 讨论；一个全称的或特称的肯定命题的正当的相反命题是一个相反的肯定命题抑是一个相反的否定命题？

解 释 篇

1．首先我们必须把“名词”和“动词”加以定义，其次把“否定”和“肯定”，然后把“命题”和“句”这些词都加以定义。

口语是心灵的经验的符号，而文字则是口语的符号。正如所有的人的书法并不是相同的，同样地，所有的人也并不是有相同的说话的声音；但这些声音所直接标志的心灵的经验，则对于一切人都是一样的，正如我们的经验所反映的那些东西对于一切人也是一样的。不过，这个问题已在我的论灵魂的文章里讨论过了，它是属于与我们当前的研究不相同的一种研究的。

正如在我们心灵里面有不牵涉到正确或错误的问题的些思想，也有那些必须或是正确的或是错误的思想，同样地，在我们的语言里面也有这种情形。因为正确和错误蕴涵着结合和分离。名词和动词，只要不把别的东西加上去，乃是和没有加以结合或加以分离的思想一样的；“人”和“白”，作为孤立的词，还是既非正确的也非错误的。为证明这点，试考虑“山羊—牡鹿”一番。它是有某种意义的，但关于它，并无所谓真实或错误，除非现在时式的或其他时式的“是”或“不是”被加上去。

2．所谓一个名词，我们的意思是指一个由于习惯而有其意义的声音，它是没有时间性的，它的任一部分离开了其他部分就没有意义。在“良马”这个名词里面，单独“马”这个部分本身并无意义，不像在“优良的马”这短句里面那样。但在简单的名词和复合的名词中间，是有一种差别的；因为在前者里面，部分是绝对没有意义的，在后者里面，部分对于整体的意义有所贡献，虽然它没有一个独立的意义。例如，在“盗船”中，“船”一字仅只具有那种作为整个词的一个部分时所具有的意义。

加上“由于习惯”这个限制条件，是因为没有什么东西借其本性就能够是一个名词或名称——只有当它成为一个符号的时候它才能是一个名词或名称；不分节的声音，像畜生所发出的那些声音，是有意义的，但其中没有一个能构成一个名词。

“非人”[①]这一个用语不是一个名词。实际上并没有一个被公认的词，足以用来指称这一个用语。因为它既不是一个句子，也不是一个否定命题。那么，就让它被称为一个不确定的名词吧。

“非罗的”、“给非罗”等等用语，并不构成名词，而构成一个名词的格。名词的这些格的定义，在其他方面，是和名词本身的定义一样的，但是，当这些格和“是”、“曾经是”或“将是”联在一起时，照它们现在的样子，并不能构成一

---

① “非人”，“那不是人的东西”，指除人以外的东西。——中译者

个或是正确的或是错误的命题，而这一点，名词本身在这些条件之下却是能做到的。试取“菲罗的是”或“菲罗的不是”这些词组，这些词就它们现在的样子而言，既不形成一个正确命题，也不形成一个错误命题。

3．一个词在其本身意义之外尚带着时间的概念者，称为动词。动词的任一部分都没有任何独立的意义。动词永远是那说到另外一件事的某事的记号。

我将解释一下我所说的“它带着时间的概念”是什么意思。“健康”是名词，但“是健康的”是动词；因为，在它的本身意义之外，它还指出所说的状况现在是存在着的。

再者，动词永远是说到另外一事的某事的记号，就是说，某些或是可以用来述说或是存在于另一东西里面的东西的记号。

像“是不健康的”、“是没有病的”这样的用语，我不称之为动词；因为，虽然它们附带有时间性的意义，并且常常形成一个谓语，但并没有一个特定的名称来代表这个变种；但是，可以让它们被称为不确定的动词，既然它们可以同样地应用于存在的事物和不存在的事物。

同样地，“他曾是健康的”、“他将是健康的”等等，并不是动词，而是动词的时式；其间的区别在乎这个事实：动词标志现在的时间，而动词的时式标志那些除开现在以外的时间。

动词本身也是有实质的和有意义的，因为使用这样的用语的人，唤住了听者的精神，并且吸住了他的注意[1]；但它们本身还并不表达出任何判断，不论是肯定判断抑或否定判断。因为不论“是”或“不是”以及分词“系”都不标志任何事实，除非加上些别的东西；因为它们本身并不标志任何东西，而仅只蕴涵着一种联结，关于这种联结，离开了所联结的东西，我们就不能形成一个概念。[2]

4．句是语言的一个有意义的部分，这个部分的某些部分具有一种独立的意义，就是说，它足以作为有意义的发言，虽则不足以作为任何明确的判断的表述。[3]让我解释一下。“凡人的”一词，是有意义的，但它并不构成一个命题，不论肯定的或否定的。只有当另外的词加上去的时候，全体合起来才会形成一个肯定的命题或否定的命题。但是如果我们把“凡人的”一词的一个音节从其他的音节分开来，它就没有意义；同样地，在μῦς（老鼠）这一个词中，ῦς这一部分本身并没有意义，而仅仅是一个声音。在复合的词里面，当然，部分对整体的意思是有所贡献的；但是，正如已经指出的，它们也并没有一个独立的意义。

---

① 此句希腊文原文为：“动词本身是名词，并且代表和意味着某种东西，因为说话者在用这种用语时，自己的思想活动暂时停顿一下，而听者〔的精神〕也停顿一下。”

② 在这一段里面，“是”一词的那种代表“存在”的意义被撇开不谈，而只考虑到它的联结作用。

③ 此半句希腊文原文为：“虽则不足以作为一个肯定命题或否定命题。”

每一个句子之所以有其意义，并非由于它是身体的某一机能所借以实现的一种自然的工具，而是如我们所指出那样由于习惯。但每一个句子不都是一个命题；只有那些在其中或有正确或有错误存在的句子，才是命题。例如，一个祈祷是一个句子，可是它既不是正确的，也不是错误的。

因此，让我们撇开所有其他类型的句子而只谈命题，因为命题才是与我们目前的研究有关的，而对于其他类型句子的探讨，不如说是属于修辞学或诗学的研究范围。

5．第一类的简单命题是简单的肯定命题，第二类的简单命题是简单的否定命题；其他的都是由结合而形成的。

每一个命题必须包含一个动词或一个动词的时式。用来定义“人”这个属的短句，如果没有现在时的、过去时的或将来时的动词加上去，就不是一个命题。有人要问，“一个两脚的有足动物”这个用语如何能够被称为单一的；因为并不是这些字接连不断而来这个情况就能造成统一性。不过，对这一点的讨论，属于与我们目前的研究不相干的研究范围。[①]

那些标志一个单一的事实的命题，或者其各部分的联合形成了一种单一性的命题，我们就称之为单一的命题；反之，那些标志许多事实或者各部分并无联合的命题，乃是分离的众多命题。

① 这是一个形而上学方面的问题，亚里士多德在他的《形而上学》一书中讨论了这个问题。

再者，让我们同意将一个名词或动词仅仅称为一个用语，而不称为一个命题，因为当一个人想把某些东西表达出来的时候，他以这种方式来说话是不可能有所陈述的，不论他的发言是对一个问题的答复，抑或是他自己主动的一种行为。

再回头说一遍：在命题中间，有一种是简单的命题，即是，那种对于某事物断言了或否认了某些东西的命题；另一种命题是复合的，即是，那些由简单命题合成的命题。一个简单命题是一个有意义的陈述，说出一个主体中某一东西的存在或不存在，按照时间的划分，有现在时式的、过去时式的或将来时式的。

6. 一个肯定命题是关于某一事物正面地断言了某些东西，一个否定命题是关于某一事物作了一种反面的断言。

既然人们能够肯定和否认某一存在的东西的存在，又能够肯定和否认某一不存在的东西的存在，[①]并且既然这些同样的肯定和否定在现在以外的时间中的事物都是可能作的，所以，也就可能对任何肯定或否定提出矛盾说法。因此，显然每一个肯定都有与之对立的否定，同样地，每一个否定都有一个对立的肯定。

我们将称这样一对命题为一对矛盾命题。那些具有同一的主词和宾词的肯定命题和否定命题，就称为矛盾命题。主词的同一和宾词的同一，必须不是“同名异义的”。真的，

---

① 希腊文原文是：“既然人们能够把存在的东西断言为存在，又能够把不存在的东西断言为存在，又能够把存在的东西断言为不存在，又能够把不存在的东西断言为不存在……”

除此之外，还有一定的限制，我们之作那些限制，乃是为了对付诡辩者的诡辩。

7．有些东西是全称的，另外一些东西则是单称的。“全称的”一词，我意思是指那具有如此的性质，可以用来述说许多主体的；“单称的”一词，我意思是指那不被这样用来述说许多主体的。例如，“人”是一个全称的，“卡里亚斯”是一个单称的。

我们的命题必然有时涉及一个全称的主词，有时涉及一个单称的主词。

那么，如果有人关于一个全称主词作了一个一般性的肯定命题和一个一般性的否定命题，则这两个命题乃是“相反”命题。用“关于一个全称主词的一个一般性的命题”这个词句,我意思是指像“每一个人都是白的”、“没有一个人是白的”这样的命题。反之，当肯定的命题和否定的命题虽然是关于一个全称主词的，但却并非一般性的时候，它们就将不是相反的，虽则所指的意思有时是相反的。作为有关一个全称主词而却不属于一般性的命题的例子，我们可以举出像“人是白的”、“人不是白的”这些命题。“人”是一个全称，但这个命题却不是作得具有一般性的；因为“每一个”一词，并不使主词成为一个全称，而是对命题给以一种一般性。不过，如果宾词和主词两者都是周延的，则这样构成的命题将是错误的；在这种情况之下没有什么肯定命题会是正确的。“每个人是每个动物”是这类型的命题之一例。

一个肯定命题以我用“矛盾命题”一词所指的意义与一个否定命题相对立，如果两者的主词仍相同，而肯定命题是一般性的但否定命题却不是一般性的。肯定命题“每个人都是白的”乃是否定命题“并非每个人都是白的”的矛盾命题，还有，命题“没有一个人是白的”乃是命题“有些人是白的”的矛盾命题。但当肯定命题和否定命题两者都是一般性的时候，则它们乃是作为相反命题而互相对立的，如像在“每个人都是白的”，“没有一个人是白的”，“每个人都是公正的”，“没有一个人是公正的”等句子里面那样。

我们看见，在一对这样的命题中，两者不能同时都是正确的；但一对相反命题的矛盾命题，有时对于同一个主词而言，能够两者都是正确的；例如，“并非每个人都是白的”和“有些人是白的”两个命题都是正确的。至于那种谈及全称的主词并且具有一般性的一个肯定命题和与它相应的否定命题，其中一个必是正确的，另一个是错误的。如所谈的是单称主词，情形也一样，例如在命题“苏格拉底是白的”和“苏格拉底不是白的”就是这样的。

在另一方面，当所谈及的是全称主词，但命题却不是一般性的的时候，就并不是常常要一者为正确的而他者为错误的，因为我们可以这样说：“人是白的”和“人不是白的”，或“人是美丽的”和“人不是美丽的”而并不错误；因为，如果一个人是畸形的，他就是美丽的反面，又，如果他正在向美丽发展，他就还不是美丽的。

我这样说，初看起来很可能似乎自相矛盾，因为命题“人不是白的”显得好像等于命题“没有一个人是白的”。不过，事实并不是这样，它们也并不是必然要同时是正确的或同时是错误的。

并且，很显然，与一个单一的肯定命题相应的一个否定命题，本身也是单一的；因为这个否定命题必须恰恰否定那个肯定命题关于同一个主词所肯定的东西，并且，在关于主词的全称性或特称性这个问题，以及主词被视为周延的抑不周延的这个问题上，否定命题必须与肯定命题相符。

例如，肯定命题“苏格拉底是白的”的恰当的否定命题是“苏格拉底不是白的”。如果主词被否定具有一些别的东西，或者虽然宾词仍旧不变而主词却是另外一个，那么，所作的否定命题对于那个肯定命题就不会是恰当的，而将是一个不同的否定命题。

肯定命题“每个人都是白的”的恰当的否定命题是“并非每个人都是白的”；肯定命题“有些人是白的”的恰当的否定命题是“没有一个人是白的”，而对于肯定命题“人是白的”的恰当的否定命题乃是“人不是白的”。

我还指出了一个单一的否定命题乃是以矛盾命题的姿态与一个单一的肯定命题相对立的，并且我们已说明了这些是些什么命题；我们也已说出相反命题和矛盾命题是有区别的，以及什么是相反命题；还指出，就一对对立的命题而言，不是总要一者为正确的而他者为错误的。再者，我们还指出这一点的理由何在，以及在何种情况之下其一者的正确必然包含另一者的错误。

8．一个肯定命题或否定命题乃是单一的，如果它是指出关于某一主体的某一事实；主词是否是全称的，陈述是否带着一般性，都没有关系。这种单一的命题是："每个人都是白的"，"并非每个人都是白的"；"人是白的"，"人不是白的"；"没有一个人是白的"，"有些人是白的"；只要"白的"一词有一个意义。反之，如果一个词有两个意义，而这两个意义并不结合而形成一个意义，则肯定命题[①]就不是单一的。例如，如果有人把"衣服"这个符号设定为标示马和人两者，那么命题"衣服是白的"就将不会是一个单一的肯定命题，而其对立的命题也不会是一个单一的否定命题。因为它就会等于命题"马和人是白的"，而这个命题，又是等于"马是白的"和"人是白的"这两个命题。那么，如果这两个命题不只有一个单一的意义，并且不形成一个单一的命题，则显然最初那一个命题就或者有多于一个的意义，要不然就是没有意义；因为一个个别的人并不是一匹马。

所以这乃是那些命题的例子之一，在这种命题中，肯定形式和否定形式两者可以同时是正确的或错误的。[②]

9．在有关现存事物或已发生的事物的场合，命题不论其为肯定的或否定的，都必须或为正确的，或为错误的。至

① Bekker本此处加上"否定命题"：即"……则肯定命题和否定命题就不是单一的。"

② 希腊文原文此句为："因此在这里，两个互相矛盾的命题并不需要一者必是正确的，一者必是错误的。"

于一对矛盾命题，则正如上面所已指出的，不论主词是全称的并且命题乃是有一般性的，抑或主词是单称的，两个命题中其一必定为正确的而其他必定为错误的；反之，当主词虽是全称的，但命题却并非有一般性的时候，就没有这种必然性。我们在前面的一章中也已讨论了这个类型的命题。

不过，当主词是单称的，而被用来述说它的东西是属于将来的东西的时候，情形就不同了。因为，如果所有的命题不论肯定的或否定的，都或者是正确的，或者是错误的，那么，任何一个宾词，必定就或者属于该主词，或者不属于该主词，因之如果有人断定具有某种性质的一个事件将会发生，而另一个人则否认它，那么，显然其中一人的话就将与实在相符而另一个人的话就将不与实在相符，因为该一宾词在将来的任何时间中不能够同时既属于该一主词又不属于它。

例如，如果说一个东西是白的这句话是正确的，它就一定必然是白的；如果反面的命题是正确的，它就将必然地不是白的。再者，如果它是白的，那么，先前说它是白的那个命题，就是正确的；如果它不是白的，则反面的命题就是正确的。而如果它不是白的，则那个说它是白的的人，就是说出一个错误的命题；而如果那个说它是白的的人乃是说出一个错误的命题，则可推论该物不是白的。因此，可以主张肯定命题或否定命题必定是或为正确的，或为错误的。

现在，如果是这样，那么就没有什么东西能够是偶然地发生的，不论是在现在或在将来；因之万事是无选择的余地的；每件事物皆按必然性发生，并且是注定了的。因为或者是那肯定它将发生的人的话与事实相符，或者是那否认它将发生的人的话与事实相符，两者必居其一；反之，如果事物不是按必然性而发生，则一事件就能够随便不发生，正像它能够随便发生一样；因为就其对于现在或将来的事物的关系而言，“偶然的”一词的意义就是说：实在界是如此构造的，以致事物的发生可能采取两个对立的方向中的任何一个。

再者，如果一件东西现在是白的，那么，先前说“它将会是白的”那句话就是正确的；这样一来，对于任何会发生了的事物，事先所说的“它是”或“它将是”都总是正确的。但如果说一事物“是”或“将是”的话总是正确的，那么，它不是或将不是就不是可能的，而如果一事物不能不将发生，那么，就不可能是它将不发生，而如果不可能是它将不发生，那么，它就必定将发生。所以，一切将要发生的，一定必然发生。由此得到一个结论，没有什么东西是不确定的或偶然的，因为，如果它是偶然的，它就不会是必然的。

再者，如果说肯定命题和否定命题都不是正确的而主张（譬如说）一事件既不是将要发生也不是将不发生，这乃是采取了一个不可辩护的立场。第一，虽然事实证明一个命题是错误的，但那个与它对立的命题仍然会是不正确的。第二，如果真可以说一件东西既是白的又是大的，那么这两个性质就必然属于这件东西；而如果它们明天将属于它，那么，它们明天就一定必然属于它。但如果一件事既不将于次日发生，又不将不发生，那么偶然这个因素就会被取消了。例如，就将必然地是：一场海战既不是将于次日发生，又不是将不发生。

这些难于对付的结果和同类的其他结果会跟着出现，

如果这乃是一种不容反驳的规律：在每一对矛盾命题中间，不论它们是对全称主词而发并有一般性的，抑或是只对单称主词而发的，其一必定是真的而他一个必定是错误的，并且不容选择，所有存在的和发生的事物都是必然性的结果。如果是这样，那么，人们就不需要去在“如果我们采取某一行动，某一结果就会产生，而如果我们不采取它，这个结果就不会发生”的这个假定上去考虑或操心了。因为，一个人可以早一万年预言一件事，另一个人可以预言它的反面；那在过去一个时候被预言得对的，就必然地将在时间已成熟的时候发生。

再者，不管人们事实上曾否把这种矛盾的命题说出来，都没有什么关系。因为，很显然，实际的情况是不受任何人作了肯定命题或否定命题这个事实所影响的。因为事件将不会因为曾有人说它们会发生或不会发生而发生或不发生，不论这种预言在一万年或任何一个时期以前说出的，情形也没有半点不同。因此，如果归根到底事物具有这样的本性，使得一个关于一件事的预言成为真的，那么；那个预言终于就必然会获得实现；并且对于一切发生的事件而言，情况总是这样的，它们的发生乃是必然之事。因为，凡某人说其将发生的事，如说得对，就不能不发生；而对于发生的事，事先说它将发生也总是正确的。

但是，这种看法引起一个不可能的结论；因为，我们看到，考虑和行为两者就其对于将来的事物而言，乃是能起作用的；并且我们也见到，一般地说来，在那些不是接续不断地实存着的事物中，是有两个方向的可能性的。这种事物可以有，也可以没有；事件也因此可以发生或不发生。关于这种事物，有很多很显著的例子。很可能这件衣服会被割成两半，但它可以不被割成两半而是先被穿破。同样地，可能它不会被割成两半；除非是这样，就不会有可能它将先被穿破。其他的具有这种可能性的事件也是如此。因此，显然并非必然每件事物都存在或发生；在有些事例中，是有选择的余地的；在这种场合，肯定的命题比否定的命题既不是更正确也不是更错误；有些事物虽然一般地总是显出将采取某一个方向，但结果却能够例外地采取了对立的方向。

存在的东西，当它存在的时候，必定要存在，而不存在的东西，当它不存在的时候，必定要不存在。但不能无保留地说，所有的存在和不存在，乃是必然性的结果。因为，说存在的东西当它存在的时候必定要存在，和仅仅说凡存在的东西必定要存在，这两个说法之间是有差别的，关于不存在的东西，情形也相同。关于两个矛盾命题的情形，亦复如此。每件事物必定或者存在或者不存在，不论是在现在或在将来；但并不是常常可能加以分清，并确定地说出存在和不存在这两者中何者是必然的。

让我举例说明。一场海战必定或将于明天发生或不发生，但并不是必然它将于明天发生，也不是必然它将不发生，可是它却必然或将于明天发生或不发生。既然命题是符合于事实的，所以显然，当在未来的事件中是有选择的余地和一种相反的方向的可能性时，则相应的肯定命题和否定命题也有同样的性质。

对于那些不是永远存在或不是永远不存在的事物，情形就是这样。在这类事例中，两个命题中之一个必定是正确的而另一个必定是错误的，但我们不能确定地说这一个或那一个是错误的，而必须不加以决定。诚然，其中之一较另一个可以更像是正确的，但它既不能实在是正确的，也不能实在是错误的。因此，显然不是必然在一个肯定命题和一个否定命题中间其一必须是正确的而另外一个必须是错误的。因为关于那些可能存在而不是实在存在着的东西，那适用于实在存在着的东西的规律乃是不适用的。实际情形毋宁是如我们所指出的那样。

10. 肯定命题是关于一个主词的一件事实的陈述，而这个主词或者是一个名词，或者是那没有名称的东西；在一个肯定命题中，主词和宾词必须各指一件单一的事物。我已经解释过名词和那没有名称的东西是什么意思；因为我说过，严格地说来，“非人”这个用语不是一个正当意义的名词，而是一个不确定的名词，它在某种意义上也表示着一件单一的东西。同样地，“不是健康的”这个用语并不是一个正当的动词，而是一个不确定的动词。所以，每一个肯定命题和否定命题，将是由一个确定的或不确定的名词和一个动词所构成。

缺乏动词，就不能有肯定命题或否定命题；因为“是”、“将是”、“曾是”、“正将要是”以及诸如此类的用语，按照我们的定义乃是动词，因为除它们的特殊意义之外，它们还表达了时间的概念。

因此，最基本的肯定命题和否定命题乃是像下面这些：

“人是”、“人不是”。次于这些的是：“非人是”、“非人不是”。再其次我们有这些命题：“每个人都是”、“每个人都不是”、“所有的非人都是”、“所有的非人都不是”。对于过去和未来，这同样的分类也适用。

当动词“是”是作为第三个因素被用于句子里面时，肯定命题和否定命题就能够各有两种。例如，在句子“人是公正的”里面，动词“是”是作为第三个因素被使用的，不管你称它为动词或名词。因此，用这些材料你就能形成四个命题而不是两个命题。四个命题中的两个[①]，就它们所肯定的和否定的来看，它们的逻辑的推断是相当于那论及一种缺乏的状况的命题的；其他两个，则不相当于这些命题。

我意思是说：动词“是”既被加到“公正”一词上，又被加到“不公正”一词上，并且两个否定命题也以同样方式形成。这样，我们就有了四个命题。参考所附的图表，就可以把事情弄清楚：

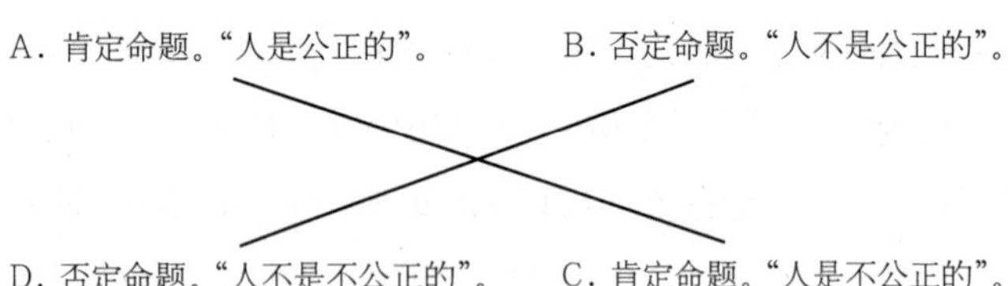

这里，“是”和“不是”被加到“公正”上去，或被加到“不公正”上去。所以这乃是这些命题的恰当的图式，正如在《分

① 就是下段的B和C两个命题。——中译者

析篇》中已经指出的。[①]如果主词是周延的，同样的规则仍是有效的。因此我们有这个表：

A'．肯定命题。“每个人都是公正的”。　B'．否定命题。“并非每个人都是公正的”。

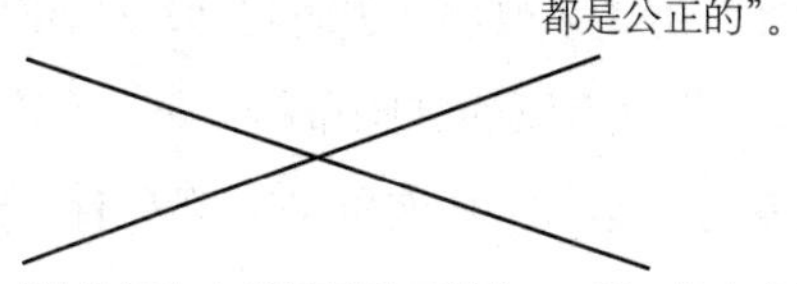

D'．否定命题。“并非每个人都是不公正的”。　C'．肯定命题。“每个人都是不公正的。”

但在这里，表中为对角线所联的命题并不可能完全像前一种情形中那样两者同时都是正确的，虽然在某种情况之下也可以是这样。

这样，我们已经定出了两对对立的命题；并且还有另外两对，如果我们把一个词和“非人”联结起来，让后者形成一种主词。例如：

A"．非人是公正的。　B"．非人不是公正的。

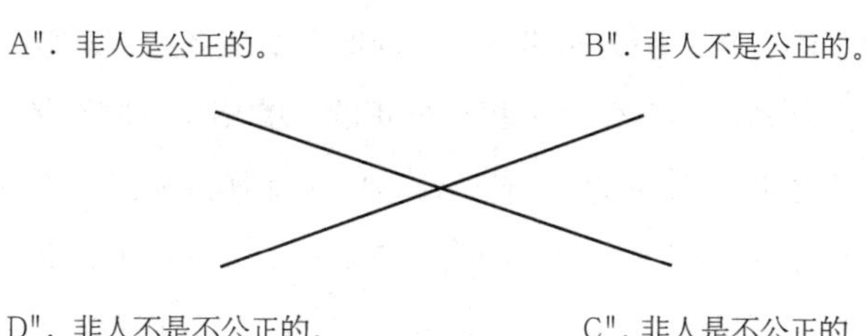

D"．非人不是不公正的。　C"．非人是不公正的

这就详尽地列举出了所有可能被形成的各对对立命题。最后

① 指《分析前篇》。

一组应该与前面那些区别开来，因为它用了“非人”这个用语作为它的主词。

当动词“是”不适合于句子的构造时（例如当所用的是动词“步行”,“享有健康”的时候),那个图表还是适用的——就是那个当“是”字被加上去时可适用的图表。

这样,我们就有下面这些命题:“每个人都享有健康”,“每个人都不享有健康”，“所有的非人都享有健康”，“所有的非人都不享有健康”。

在这些命题中，我们必须不要用“并非每个人”这样的用语。否定词应该附加在“人”一字上，因为“每一个”这个字并不给主词以一种一般性的意义，而是蕴涵着：作为主词，它是周延的。这一点可以清楚地从下列各对命题看出来：“人享有健康”，“人不享有健康”，“非人享有健康”，“非人不享有健康”。这些命题和前面那些命题之所以不同，乃在于它们是不确定的,并且不是全称性质的。所以,形容词“每一个”和“没有一个”除了表示主词——（不论它是在肯定句子中或在否定句子中）——乃是周延的之外，并无另外的意义。因此句子的其他部分在各种例子中都将是相同的。

既然命题“每个动物都是公正的”的相反命题乃是“没有一个动物是公正的”，显然，这两个命题就永远不能在同一个时候或对同一个主词而言是正确的。不过，有时候这两个相反命题的矛盾命题会同时是正确的，例如在我们面前这个例子：命题“并非每个动物都是公正的”和命题“有些动物是公正的”两者都是正确的。

再者，命题“没有一个人是公正的”，可以从命题“每个人都是不公正的”推论出来，而与“每个人都是不公正的”相对立的命题“并非每个人都是不公正的”，则可以从命题“有些人是公正的”推论出来；因为如果这是正确的，就必定有些公正的人。

并且也很显然，当主词是单称的时候，如果提出一个问题而否定的答复是正确的，那么，某一个肯定的命题也是正确的。例如，如果所问的问题是“苏格拉底是有智慧的吗？”，而否定的答复是正确的，则“那么苏格拉底是不智的”这个肯定的推理就是正确的。但在全称主词的场合，就没有一个这样的推论是正确的，反而是一个否定命题才是正确的。例如，如果对于“是每个人都有智慧吗？”这个问题的答复是“不”，则“那么，每个人都是没有智慧的”这个推论乃是错误的。在这种情况之下，“并非每个人是有智慧的”这个推论才是正确的。这后者乃是原来命题的矛盾命题，而前者乃是它的相反命题。

由像“非人”或“不公正”这样的不确定的名词或宾词所构成的否定性用语，可以好像是一种不包含着正当意义下的名词或动词的否定命题。但它们并不真是如此。因为一个否定命题永远必定或是正确的或是错误的，但那用“非人”这个用语的人，如果没有什么别的再加上去，比起那用“人”这个用语的人，却并不是更接近而是更远离了那必定或为正确或为错误的陈述方式。

命题“凡不是人的东西都是公正的”及其矛盾命题（即“并非凡不是人的东西都是公正的”），并不等于任何其他命题；反之，命题“凡不是人的东西都不是公正的”却等于命题“没有一个不是人的东西是公正的"。

一个句子中主词和谓语的换位[1]，并不引起句子意义的改变。例如，我们说"人是白的"和"那白的是人"。[2]如果这两个句子不是相等的，则对于同一个命题就会有一个以上的矛盾命题，但我们已证明每个命题都有而且只有一个恰当的矛盾命题。因为命题"人是白的"的适当的矛盾命题是"人不是白的"，而命题"那白的是人"，如果它的意义是不同的，则它的矛盾命题就将或者是"白的不是非人"，或者"白的不是人"。但前者乃是命题"白的是非人"的矛盾命题，而后者乃是命题"人是白的"的矛盾命题；这样，对于一个命题，就将会有两个矛盾命题。

因此，很显然，主语和谓语的相对位置的颠倒，并不影响肯定命题和否定命题的意义。

11．用一件事情来述说许多主体、或用许多事情来述说一个主体所形成的命题，无论它是肯定命题或否定命题，都不是一个单一的命题，除非那许多事情实在是一件事情、那多个的主体乃是一个主体。

我不是把"一"这个字用于那些虽然有一个单一的公认

---

① 此处，"主语"和"谓语"原文为"名词"和"动词"；这里所说的是语法上的主语和谓语。这牵涉到修辞学方面的问题。应该注意这里是说句子的主语和谓语的换位，而不是命题的主词和宾词的换位。——中译者。

② 汉语当然没有这样的习惯，如果有人这样说，意义是略有不同的。——中译者

名称但并不合成一种统一性的东西。例如，人可以是一个动物，并且是两足的，而且是驯化了的，但这三个宾词却合成了一种统一性。反之，“白的”、“人”和“步行着”却并不如此。因此，如果这三者形成了一个肯定命题的主词，或形成其宾词，这个肯定命题也仍然没有任何统一性。在这两种场合，统一性只是语言文字方面的而不是实在的。

因此，如果辩证的问题是要求一个答复，就是说，或者是要求承认一个前提，或者是要求承认两个矛盾命题中的一个——前提本身就常常是两个矛盾命题中的一个——，那么对于那包含着上面所说那些宾词的一个问题的答复，就不能是一个单一的命题。因为，正如我在《正位篇》[①]中已解释过的，即使所要求的答复是正确的，问题也不是单一的。

同时，很显然，具有“它是什么？”这个形式的一个问题，不是一个辩证的问题，因为一个辩证问题的发问者必须用他发问的形式让他的对手有按自己意愿二中取一的机会。因此他必须给问题安排出一个更确定的形式，而询问，譬如说，人有或没有如此如此的一种特征。

有些宾词的结合能够使独立的宾词结合成一个单一的宾词。让我们考察一下在什么条件之下这是可能的和在什么条件之下是不可能的。我们可以用两个独立的命题说人是一个动物和人是一个两足的东西，我们也可以把两者结合起来，而说人是一个两足的动物。同样地，我们可以用“人”和“白的”作为独立的宾词，或把它们结合为一。但如果一个人是一个鞋匠，并且也是好的，我们就不能造成一个复合的命题

① 《正位篇》，亦译《论辩篇》或《论题篇》。

而说他是一个好鞋匠。因为，如果每当两个独立的宾词真的属于一个主词的时候就推论说由它俩的结合所得的宾词也真的属于主词，则就有许多荒谬的结果发生。例如，一个人是人，并且是白的。因此，如果宾词永远可以结合，那他就是一个白的人。再者，如果宾词“白”属于他，那么这个宾词与前面那个复合的宾词的结合，就是可容许的。这样，就能够说他是一个白的白人，白的白的白人，等等，毫无止境。或者，我们可以把宾词“有教养的”和“白的”和“步行着的”结合起来，并且把这些东西结合许多次。同样地我们可以说苏格拉底是苏格拉底并且是一个人，以及因此他是苏格拉底这个人[①]，或者说苏格拉底是一个人和一个两足的东西，以及因此他是一个两足的人。[②]所以很显然，如果一个人无条件地说宾词永远能够结合起来，就会有许多荒谬的后果发生。

现在，我们将把应该规定下来的加以说明。

某些宾词，以及形成命题的主词的那些词，如果它们对于同一个主体来说乃是偶然的，或彼此相互之间乃是偶然的，就不能结合成一种统一性。试看“人是白脸色的和有教养的”这个命题。白色和有教养并不结合而形成一种统一性，因为它们只是偶然地属于同一个主体。就算是真可以说那白的东西是有教养的，“有教养”和“白”也不会形成一种统一性，因为那有教养的东西是白的这件事只是偶然如此而已；因此，两者的结合，并不形成一种统一性。

再者，虽然当一个人既是好的又是一个鞋匠的时候，我

① 此处Bekker本加上“以及说他是人苏格拉底的苏格拉底”。

② Bekker加上“以及说他是一个两足的人的人”。

们不能把两个命题结合起来而单纯说他是一个好鞋匠，但同时我们却能够把宾词“动物”和“两足的”结合起来而说一个人是一个两足的动物，因为这两个宾词并不是偶然的。

再者，那些一个蕴涵在另一个之中的宾词，也不能形成一种统一性：例如，我们不能把宾词“白的”再三地和那已经包含“白的”这个概念的宾词结合起来；把一个人称为一个动物人或一个两足的人也不是对的；因为“动物”和“两足的”这些概念已内在于“人”一词中。反之，把一个词简直当做任何一个实例的宾词，而说某一个个别的人是一个人，或某一个个别的白的人是一个白的人，则是可以的。

但，这也不是永远可能的：真的，当在添词〔修饰语〕中有一种引起矛盾的对立因素时，则把简单的词作为宾词乃是不可能的。例如，称一个死人为一个人，就不是正确的。不过当情形不是这样的时候，就并不是不可能的。

实际情况倒不如说是这样的：当有些这样的对立因素存在时，分解[①]是永远不可能的，但当这种对立因素不存在时，分解还不是永远可能的。试取“荷马是这样这样的”——譬如说——是“一个诗人”这个命题来考察。是否能推论“荷马是”[②]，抑不能这样推论？动词“是”在这里只是以偶然的意义〔非本质的意义〕用于荷马身上而已，该命题是说荷马是一个诗人，而不是以该一字的独立的意义[③]说他存在着。

---

① 所谓“分解”，是英译者的措辞，指把那本来蕴涵在一个概念（主词）中的东西分解出来述说该一主词，如上面所说的“一个个别的人是一个人”。——中译者

② “荷马是”（有“荷马存在”之意。）

③ “独立的意义”，指“是”字所包含的存在的意义。

所以，那些当其中的名词被发展成为定义[1]时不包含矛盾的述说[2]，并且在其中诸宾词又是以它们自己原本的意义而非以任何间接的方式属于其主体的，则个别的东西既可以是简 单的命题的主词又可以是复合的命题的主词。但在那些不存在的东西方面，如果说由于它是意见的对象所以它是存在的，就不正确了；因为人们所持关于它的意见是“它不是”，而不是“它是”[3]。

12．已经作了这些区别之后，我们必须来考察那些断言或否认可能性或偶然性、不可能性或必然性的肯定命题和否定命题之间的互相关系，因为这个问题不是没有困难的。

我们已经承认在复合的用语中间，那些分别具有动词“是”的肯定形式和否定形式的用语，乃是彼此互相矛盾的。例如，命题“人是〔存在〕”的矛盾命题是“人不是〔存在〕”，而不是“非人是〔存在〕”；而“人是白的”的矛盾命题是“人不是白的”，而不是“人是不白的”。因为，如果不是这样，则既然对于任何主体必或是肯定命题为正确或是否定命题为正确，那么，就会变成有这样的情形，即真可以说“一块木

---

① “定义”等于我们今天逻辑书上的“定义者”，参阅第13页（注①）。——中译者

② “述说”意思是：用一个宾词来述说一个主词。“述说”的结果就是一个命题。——中译者

③ “它是”、“它不是”有“它存在”、“它不存在”之意。

头是一个不白的人”[①]。

现在，如果情形是这样，那么，在那些不包含着动词“是”的命题里面，那个代替了这个动词的动词，就将起着同样的作用。这样，“人步行着”的矛盾命题乃是“人不步行着”而不是“非人步行着”；因为说“人步行着”仅仅是等于说“人是在步行着”。

然则，如果这个规则是一般的，那么“可能有这件事”的矛盾命题就是“可能没有这件事”，而不是“不能有这件事”。

可是，看来好像同一件事物既可能有，又可能没有；例如，每件可能被切割或可能步行的东西，也可能避免被切割或不步行；理由在于：那些具有这个意义下的可能性的东西，并非总是实在的。在这种情形中，肯定命题和否定命题两者都会是正确的；因为那能够步行或能够被看见的东西，也可能不步行或不被看见。

但既然矛盾的命题对于同一个主词不可能都是正确的，所以，能够推断："可能没有这件事”并不是“可能有这件事”的矛盾命题。因为，上面所说的话有这样一个逻辑的后果：或者同一个宾词对于同一个主词能够同时既适用又不适用，或者肯定命题和否定命题之形成并不是由于分别加上动词“是”和“不是”。如果前面这个看法必须抛弃，我们就必须选择后面这个看法。

① “一块木头是一个白的人”是错误的；因此，它的矛盾命题必然是正确的，即“一块木头是一个不白的人”必须是正确的；——如果“人是白的”的矛盾命题能够是“人是不白的”的话。可见“人是白的”的矛盾命题不能是“人是不白的”。——中译者

所以，“可能有这件事”的矛盾命题是“不能有这件事”。同样的规则适用于命题“偶然有这件事”。这个命题的矛盾命题是“并非偶然有这件事”。类似的命题如像“必然有这件事”和“不可能有这件事”，也可以用同样的方式来处理[①]。因为正如在前面的例子中动词“是”和“不是”被加到句子的材料“白的”和“人”上面去一样，在这里句子的材料乃是“有这件事”和“没有这件事”，而所加上去的乃是“可能”、“偶然”等等。这些词表示某件事物是可能的或不是可能的，正如在前面的例子中“是”和“不是”表示某些事物是事实或不是事实一样。

所以“可能没有这件事”的矛盾命题不是“不能有这件事”，而是“不能没有这件事”；而“可能有这件事”的矛盾命题不是“可能没有这件事”，而是“不能有这件事”。这样，命题“可能有这件事”和“可能没有这件事”就显出是互相蕴涵的：因为，既然这两个命题不是互相矛盾的，那么同一件事物就可能有也可能没有。但命题“可能有这件事”和“不能有这件事”则永不能对于同一主词而言同时是正确的，因为它们是矛盾的。命题“可能没有这件事”和“不能没有这件事”也不能对于同一个主词而言同时是正确的。

谈及必然性的命题，也由同样的原则所控制。“必然有这件事”的矛盾命题不是“必然没有这件事”，而是“并非必然有这件事”；而“必然没有这件事”的矛盾命题是“并非必然没有这件事”。

---

① 它们的矛盾命题是“并非必然有这件事”和“并非不可能有这件事”。——中译者

再者，“不可能有这件事”的矛盾命题不是“不可能没有这件事”而是“并非不可能有这件事”；而“不可能没有这件事”的矛盾命题是“并非不可能没有这件事”。概括起来说，我们必须像已指出的那样把短句“有这件事”和“没有这件事”规定为命题的基本材料，而在将这些词造成肯定命题和否定命题的时候，我们必须把它们分别和“可能”及“偶然”等词结合起来[①]。

我们必须把下列各对命题视为矛盾命题：

可能有这件事。	不能有这件事。
偶然有这件事。	并非偶然有这件事。
不可能有这件事。	并非不可能有这件事。
必然有这件事。	并非必然有这件事。
真的有这件事。	并非真的有这件事。

13. 当我们把命题这样排列了之后，就能按一定的次序进行逻辑的推断。从命题“可能有这件事”就可以推论出偶然有这件事，而反过来也一样。还可以推论出并非不可能有这件事和并非必然有这件事。

从命题“可能没有这件事”或“偶然没有这件事”就可推论出并非必然没有这件事，和并非不可能没有这件事。从命题“不能有这件事”或“并非偶然有这件事”，就可推论出必然没有这件事，和不可能有这件事。从命题“不能没有

① 此处最后半句Edghill的英译本有误，兹按希腊文本原文及Cocke的英译本译出。——中译者

这件事”或“并非偶然没有这件事”就可推论出必然有这件事，和不可能没有这件事。

让我们借一张表的帮助来考察这些命题：

A．可能有这件事。	B．不能有这件事
偶然有这件事。	并非偶然有这件事。
并非不可能有这件事。	不可能有这件事。
并非必然有这件事。	必然没有这件事。
C．可能没有这件事。	D．不能没有这件事。
偶然没有这件事。	并非偶然没有这件事。
并非不可能没有这件事。	不可能没有这件事。
并非必然没有这件事。	必然有这件事。

现在，命题“不可能有这件事”和“并非不可能有这件事”是可以从命题“可能有这件事”、“偶然有这件事”和“不能有这件事”、“并非偶然有这件事”推论出来的——即矛盾命题从矛盾命题推论出来。但其中有戾换法。命题“不可能有这件事”的否定命题可以从命题“可能有这件事”推论出来，而第一个命题的相应的肯定命题则可以从第二个命题的否定命题推论出来。因为“不可能有这件事”乃是一个肯定命题，而“并非不可能有这件事”乃是一个否定命题。

我们必须研究一下这些命题和那些谈事物的必然性的命题之间的关系。这中间有所不同，乃是很显然的。在后面这一种情形中，相反的命题各各从其矛盾的命题推论来，而矛盾的命题是属于不同的系列的。因为，命题“并非必然有这件事”并不是“必然没有这件事”的否定命题，因为这两个命题对于同一个主词而言可能都是正确的；因为，当一事物必然没有的时候，就并非必然有。为什么谈事物的必然性的命题不像其他的命题一样从同一系列中推出来呢？其理由乃在于这个事实：命题“不可能〔有这件事〕”当用于一个相反的主词上时[①]，就等于命题“必然〔没有这件事〕”。因为，当不可能有一事物时，就必然不是有它而是没有它；而当不可能没有一事物时，就必然有该事物。所以，如果说那些谈事物的不可能性或非不可能性的命题，不必改变主词就可以从那些谈事物的可能性或非可能性的命题推出来，那些谈必然性的命题则就须要改为相反的主词才能推出来；因为由“不可能”和“必然”这两个词形成的命题并不是相等的，而是，如上所指，颠倒地联结着的[②]。

但也许不可能把谈事物的必然性的矛盾命题这样来排列。因为，当必然有一事物的时候，就可能有它。（因为如果不是这样，那么，就应推出对立的命题，因为在两个对立命题中间必须二中取一；这样，如果并非可能有它，就是不可能有它，那么，那一定必然有的东西，就是不可能有的；这当然太荒谬了。）

但从命题“可能有这件事”可以推论出并非不可能有这件事，而从后者又可推论出并非必然有这件事。因此，发生了这样的情况：那一定必然有的东西，不必一定有；这当然是荒谬的。还有，命题“必然有这件事”并不能从“可能有这件事”推出来，命题“必然没有这件事”也不能从“可能有这件事”推出来。因为命题“可能有这件事”蕴涵着两方

① 指当主词变为“没有这件事”时。——中译者

② 即当用相反的主词时就是相等的。——中译者

面的可能性，反之，如果前面两个命题之一是正确的，则这个双重的可能性就消失了。因为如果一事物可能有，它也就可能没有，但如果它必然有或必然没有，二中取一的机会就被排除了。因此，只能是：命题“并非必然没有这件事”才应该从命题“可能有这件事”推出来。因为对于那一定必然有的东西，这个命题也是正确的。

再者，命题“并非必然没有这件事”乃是那个从命题“不能有这件事”推出来的命题的矛盾命题；因为从“不能有这件事”可以推出“不可能有这件事”和“必然没有这件事”，而这后者的矛盾命题乃是命题“并非必然没有这件事”。这样，在这种场合，矛盾命题也以所指出的方式从矛盾命题推出来，并且，当它们被这样排列时，并没有逻辑上不可能的事情会发生[①]。

可能有人会提出这样的疑问：命题“可能有这件事”是否能够从命题“必然有这件事”推出来？如果不能，则必须推论出它的矛盾命题，即不能有这件事；或者，如果人们认为这并非它的矛盾命题，那么，则必须推论出命题“可能没有这件事”。

但对于那必然有的东西，这两个命题都是错误的。同时，人们也认为：如果一件东西可能被切割，它也就可能不被切割，如果一件事物可能有，它也就可能没有，因此，好像可以推论说一件一定必然有的事物，可能会没有；这是错误的。所以，显然事实上并非常常是凡可能有或可能步行的东西也

① 根据这一段，上面表A系列最后一命题即“并非必然有这件事”应和C系列中最后命题即“并非必然没有这件事”对调位置。

就具有另一方向的可能性。例外是有的。首先，必须作为例外的，是那些不是按照理性原则而具备一种可能性的东西，像火之具备发热的可能性，即一种非理性的能力。那些牵涉及一个理性的原则的可能性，乃是具有一个以上的结果的可能性或者说相反的结果的可能性的；那些非理性的，就不是永远如此。如上所说，火不能既发热又不发热，任何永远是现实的东西，也没有什么双重的可能性。但即使在那些非理性的可能性中间，有些也容许对立的结果。不过，上面所说的话已足够强调指出这个真理，即并非每种可能性都容许对立的结果，即使当“可能”一词永远是以同一的意义被使用的时候。

但有时“可能”一词是同名异义地来使用的。因为“可能”一词是有歧义的；在一种情况之下，它被用来指事实，指那已现实化了的，例如说一个人发觉步行是可能的，因为他实际上是在步行着；一般地说来，当我们因为一种能力实际上已现实化了而把该种能力赋予一件事物的时候，我们就是在使用这个意义下的“可能”一词。在别的场合，它是用来指某一种能力，这种能力在一定条件之下是能现实化的，例如我们说一个人发觉步行是可能的，因为在某种条件之下他会步行。这后一种可能性，只属于那能够运动的东西，前一种则并且能够存在于那没有这种运动能力的东西那里。对于那是在步行着并且是现实的东西，以及对于那有这种能力虽然不一定现实化了这种能力的东西，都能正确地说它并非不可能步行（或者，在别种情形，并非不可能有这件事）；但虽然我们不能把后一种可能性用来述说那绝对必然有的东西，我们却能把前一种可能性用来述说它。

因此，我们的结论是这样的：既然全称的命题是从特称的命题推出来的，所以，必然有的事物也就是可能的，虽则不是在这个词可能被使用的每一种意义之下都如此。

我们也许可以这样说，必然性和非必然性乃是存在和不存在的最初原理，其他的一切都必须被认为是在这些之后的。

由上所说，很显然，有必然性的东西就是现实的东西。所以，如果永恒的事物是占先的，则现实性也就先于可能性。有些东西是不包含可能性的现实性，这就是那些第一性实体；第二类包括那些现实的但也可能的东西，它们的现实性，按本性来说是先于它们的可能性的，但在时间上则后于可能性；第三类包括那些永远未现实化而只是纯粹的可能性的东西。

14. 有这个问题发生：一个肯定命题的相反命题是一个否定命题呢，还是另一个肯定命题？命题“每个人是公正的”的相反命题是“没有一个人是公正的”呢，还是命题“每个人是不公正的”呢？试取“卡里亚斯是公正的”、“卡里亚斯不是公正的”和“卡里亚斯是不公正的”等命题来看看；我们必须来找出在这些命题里面，哪两个是相反命题。

现在，如果口语是符合于心灵的判断的，并且，如果在思想里面，那宣称一个相反事实的判断乃是另一个判断的相反判断，其方式犹如“每个人是公正的”这个判断之宣称一个与“每个人是不公正的”这个判断所宣称者正相反的事实，则同样的规律必定也适用于口语中的肯定命题方面。

但是，如果在思想中，并非那宣称一个相反的事实的判断就是另一判断的相反者，那么，一个肯定判断就将不会以另一个肯定判断作为自己的相反者，而会以那相应的否定判断作为自己的相反者。因此我们必须考察哪一个正确判断是某一个错误判断的相反者，是那否定这个错误判断的判断呢，还是那肯定一个相反的事实的判断？

让我举例说明。关于一个好的东西，有一个正确的判断，即它是好的；又有另一个错误的判断，即它不是好的；还有第三个不同的判断，即它是坏的。和那正确判断相反的，是这后两个判断中的哪一个？如果后面这两个判断是相同的，那么，也还可以问：就表达方式而言，是其中哪一个形成了那个判断的相反者？

以为判断是由于它们有相反的主词而被规定为相反判断，这乃是一种错误；因为那个关于一件好的东西的判断，即它是好的，以及那个关于一件坏的东西的判断，即它是坏的，可能是同一的，并且，不管它们是不是同一的，它们两者都是正确的。而主词在此处是相反的。但是，判断并非由于它们有相反的主词而就是相反的判断，却是由于它们所说的事实是相反的。

现在，如果我们来看看好的东西是好的这样一个判断，和它不是好的这另一个判断，并且，如果同时还有其他不属于也不能属于好的东西的属性，那么，我们还是得拒绝把那些认为其他某种不存在的属性是存在的判断和那些认为其他某种存在的属性是不存在的判断[1]当做那个正确的判断的相反判断；因为，这两类的判断其内容都是无限的[2]。

只有那些在其中有错误存在的判断，才应该被称为与那个正确判断相反。现在，这种判断恰正是那些涉及发生的起点[3]的判断，而发生是从一极端过渡到其对立的极端；因此，错误就是一种类似的过渡。

可是，好的东西既是好的，又是不坏的。第一种性质是它的本质，第二种是它的偶然的性质；因为，是出于偶然它才是不坏的。但是，如果正确的判断当它是涉及主体的内在本性时就是最真正的正确，那么，错误的判断也同样是最真正的错误，当它是涉及主体的内在本性的时候。现在，好的东西不是好的这个判断，乃是一个涉及它的内在本性的错误判断，而它是坏的这个判断，乃是一个涉及偶然的性质的判断。因此，那个否认正确判断的正确性的判断，此起那个正面断定相反性质的存在的判断，更真正的是错误的。但正是那个作了那与正确判断相反的判断的人，才是最彻底的错误，因为相反的东西，乃是同类中差别最大的东西。所以如果在两个判断中，其一是与正确的判断相反的，而矛盾的判断则更真正的是相反的，那么，似乎后者才是真正的相反判断。

---

① “那些认为其他某种不存在的属性是存在的判断和那些认为其他某种存在的属性是不存在的判断……”——这种判断当然是错误的，但仍然不能形成那正确判断的相反者，因为它们的数目可以无限之多。——中译者

② 即是这类判断的数目可以无限之多，而相反的判断应该只有一个。

③ 发生的起点指“存在”和“不存在”（即“是”和“不是”）。——中译者。

好的东西是坏的这个判断，乃是复合的。因为，大概那个作这个判断的人，同时也必定要知道好的东西不是好的。

再者，矛盾的判断或者总是或者绝不是相反判断；因此，如果它在一切其他场合中一定必须如此，则我们对刚才所讨论的例子所作的结论，也似乎是正确的。现在，当〔所谈的〕词没有相反者的时候，则那个否定正确判断的判断，乃是错误的；例如，谁以为一个人不是一个人，谁就是作了一个错误的判断。所以如果在这个场合否定判断是相反判断，那么，这个原则就是有一般性的。

再者，不好的东西不是好的这个判断，和好的东西是好的这个判断，乃是平行的。此外，好的东西不是好的这个判断，和不好的东西是好的这个判断，也是平行的。因此，让我们也来考察什么形成了那与不好的东西不是好的这个正确判断相反的判断。它是坏的这个判断当然没有这个资格，因为两个正确的判断绝不能是相反的，而这个判断跟上面那个与它有关系的判断则可以同时都是正确的。因为既然有些不好的东西也是坏的，所以这两个判断可以都是正确的。它不是坏的这个判断，也不是相反判断，因为这个判断也可以是正确的，既然此两种性质都可以用来述说同一主体。因此，剩下来的只能是：我们关于不好的东西所作的它不是好的这个判断，其相反的判断乃是它是好的；因为这个判断是错误的。再者，以同样的方式，我们关于好的东西所作的它不是好的这个判断，乃是它是好的那个判断的相反判断。

显然，如果我们把肯定判断全称化，也不致引起不同，因为那时候全称的否定判断将形成它的相反判断。例如，每样好的东西是好的这个判断的相反判断是没有什么好的东西是好的这个判断。因为好的东西是好的这个判断，如果主词被理解为具有全称的意义，就等于凡好的东西都是好的，而这后者与每样好的东西是好的这个判断是完全相同的。我们可以以同样方式讨论关于不好的东西的判断。

因此，如果这是关于判断的规则，并且如果口说的肯定命题和否定命题乃是表达在词语中的判断，则很显然全称的否定命题乃是关于同一主体所作的肯定命题的相反命题。例如，命题“每样好的东西都是好的”、“每个人都是好的”的相反命题是“没有什么好的东西是好的”、“没有什么人是好的”。反之，它们的矛盾的命题，则是“并非每样好的东西都是好的”、“并非每个人都是好的”。

也很显然，正确判断和正确判断，或正确命题和正确命题，不能是彼此相反的。因为，当两个命题都是正确的时候，一个人可以同时说出它们而没有什么不一贯，反之，相反的命题却是那些说出相反情况的，而相反的情况不能同时存在于同一个主体里面。

图书在版编目（CIP）数据

范畴篇　解释篇／（古希腊）亚里士多德著；方书春译.
—南京：译林出版社，2016.12
（世界汉译学术名著）
ISBN 978-7-5447-6635-7

Ⅰ.①范…　Ⅱ.①亚…　②方…　Ⅲ.①古希腊罗马哲学
Ⅳ.①B502.233

中国版本图书馆CIP数据核字（2016）第227291号

书　　名　范畴篇　解释篇
作　　者　〔古希腊〕亚里士多德
译　　者　方书春
责任编辑　陆元昶
特约编辑　谭秀丽
出版发行　凤凰出版传媒股份有限公司
　　　　　译林出版社
出版社地址　南京市湖南路1号A楼，邮编：210009
电子信箱　yilin@yilin.com
出版社网址　http://www.yilin.com
印　　刷　三河市延风印装有限公司
开　　本　960×640毫米　1/16
印　　张　6.5
字　　数　80千字
版　　次　2016年12月第1版　2023年10月第3次印刷
书　　号　ISBN 978-7-5447-6635-7
定　　价　25.00元

译林版图书若有印装错误可向承印厂调换